NOTES ET SOUVENIRS

L'ANCIENNE PRINCIPAUTÉ DE DOMBES
ET
SON PARLEMENT

LA FAMILLE
CACHET DE MONTÉZAN
DES COMTES DE GARNERANS

MARSEILLE
SOCIÉTÉ ANONYME DE L'IMPRIMERIE MARSEILLAISE
39, Rue Sainte, 39
1885

NOTES ET SOUVENIRS

L'ANCIENNE PRINCIPAUTÉ DE DOMBES
ET
SON PARLEMENT

LA FAMILLE
CACHET DE MONTÉZAN
DES COMTES DE GARNERANS

MARSEILLE
SOCIÉTÉ ANONYME DE L'IMPRIMERIE MARSEILLAISE
39, Rue Sainte, 39
1885

Cet ouvrage tiré à 200 exemplaires n'est pas vendu

AUX MÉMOIRES
DE NOS PÈRE ET MÈRE VÉNÉRÉS
DE NOTRE ONCLE REGRETTÉ
DE NOTRE CHÈRE BELLE-SŒUR
ET DE MON ÉPOUSE BIEN-AIMÉE

je dédie ce livre, et le leur offre comme un témoignage de piété filiale et d'affectueux souvenir.

A MADAME LA COMTESSE DE MONTÉZAN
née De Montvalon
NOTRE BIEN CHÈRE TANTE

je fais tout particulièrement hommage de cet humble résultat de mes travaux.

Eudoxe DE LOMBARDON-MONTÉZAN.

Marseille, 10 Juin 1885.

AVANT-PROPOS

Au retour d'un voyage que je fis en Bresse, il y a quelques années, notre frère ainé me pria de coordonner, classer, et reproduire les documents les plus importants que je pourrais trouver dans les archives de la famille Cachet de Montézan et dans les ouvrages publiés sur la Bresse et les Dombes.

Cette tâche, sans être bien ardue, n'était pas pour moi exempte de difficultés.

D'abord, comment traduire fidèlement, avec une plume mal exercée, la pensée de celui dont je suis ici l'interprète? En second lieu, il est peu aisé et bien téméraire à la fois de parler des siens, quand on ne trouve à son actif aucune œuvre utile. En évoquant d'illustres souvenirs, en rappelant des actions mémorables, il semblerait qu'on veut reporter sur soi-même une partie des hommages que l'on rend à ceux qui vous appartiennent par les liens du sang; et quand on connaît son infériorité, on aimerait mieux s'effacer, rendre sa plume et la remettre entre les mains de quelqu'un doué d'un esprit plus érudit, d'une expérience consommée et ayant plus d'autorité que nous pour traiter un sujet de cette nature.

Cependant, les recherches que j'avais faites dans nos archives, le souvenir de mon rapide pèlerinage en Dombes, où j'eus la satisfaction de constater que la mémoire des bienfaits de nos ancêtres maternels était encore pieusement conservée et vénérée, m'encouragèrent à remplir le mandat que le chef de notre famille m'avait confié, et j'ai pensé que ma bonne volonté, à défaut d'autre chose, me viendrait en aide pour mener à bonne fin l'œuvre que j'ai entreprise.

Je m'adresse à des parents, à des amis et aux maisons fixées en Bresse qui, jadis, par leur alliance, avaient honoré la famille à laquelle nous succédons, et à tous ceux qui sont encore attachés au culte du passé.

J'ai fait précéder la généalogie de la Maison Cachet de Montézan d'un résumé analytique de l'histoire de la souveraineté de Dombes, afin de mieux guider le lecteur et de lui permettre de me suivre dans l'étude que j'ai faite. Cette histoire n'était-elle pas intimement liée à celle d'une famille qui a joué dans l'ancienne principauté un rôle aussi considérable? qui a tenu dans son parlement et dans son gouvernement une place aussi grande ?

La généalogie, extraite de l'ouvrage de l'abbé Expilly, s'arrêtait à l'année 1764, date de sa publication, je l'ai continuée jusqu'à ce jour.

J'ai cru devoir la faire suivre de quelques mots sur la famille de Lombardon ; car si l'honneur de perpétuer le nom de nos ancêtres maternels et de le soustraire aux usurpations nous est échu, celui qui nous a été légué par nos pères ne nous est pas moins cher et précieux. Les deux familles de Provence et de Dombes se sont rencontrées, réunies et fondues ensemble pour n'en plus former qu'une seule. La première a pour devoir, en usant de la faveur exceptionnelle concédée à la deuxième par la grâce d'un excellent prince, de recueillir cet héritage d'honneur, de le transmettre à ses descendants et de conserver les traditions de deux noms également anciens et honorables.

La charge de grand bailli de Bresse, acquise par le comte Louis Cachet de Montézan, demandait le chapitre spécial que je lui ai consacré.

Le chapitre suivant reproduit un arrêt rendu par la Cour des comptes de Bourgogne et Bresse en faveur du même Louis Cachet de Montézan. Il contient, en outre, le procès-verbal de la réunion de la noblesse de Dombes à celle de Bresse et d'autres documents fort intéressants.

Enfin, une histoire des fiefs possédés par les comtes de Garnerans jusqu'en 1789, le relevé de leurs états de service et un tableau généalogique des deux familles de Lombardon et Cachet de Montézan terminent cette notice.

Les comtes de Garnerans, qui possédaient de vastes et importants domaines dans la Bresse et les Dombes, ont été complètement dépouillés par la révolution de 1789. Terres, immeubles ont été confisqués, plusieurs châteaux pillés.

En échange de cet immense patrimoine, on ne lui alloua, sous la Restauration, qu'une indemnité insignifiante de un million deux cents mille francs.

Cette somme ne représenterait certainement aujourd'hui que la valeur d'une bien faible partie des biens enlevés. M. de Montézan, ex-ministre plénipotentiaire, est mort avant d'avoir touché cette indemnité. Entièrement ruiné, aigri contre le Roi Louis XVIII qu'il avait servi avec fidélité pendant l'émigration, il ne pouvait comprendre que ce prince eût sanctionné, dans la charte de 1814, la vente des *Biens dits Nationaux*.

Un immeuble important à Lyon et quelques parcelles de terres, que des paysans fidèles et profondément attachés à leur ancien seigneur avaient sauvés du naufrage révolutionnaire, voilà tout ce qui restait d'une fortune si considérable. A son retour de la terre d'exil, M. de Montézan fut reçu et fêté par ses anciens vassaux, et un *Te Deum* fut chanté dans l'église de Garnerans.

Les Archives ont pu, grâces à Dieu, échapper au pillage et à la destruction; elles sont assez complètes. J'ai été assez heureux pour retrouver tous les contrats de mariage et nombre de documents très précieux, notamment les lettres patentes d'érection de la terre de Garnerans en Comté, celles conférant la dignité de grand bailli de Bresse au comte Louis; les nominations à des grades dans l'armée, dans la maison du Roi, dans les ordres de chevalerie; les preuves faites par le comte Charles pour son admission dans l'ordre de Malte; un certain nombre d'actes de l'état civil; des testaments; des lettres du prince de Condé, du comte de Vergennes, du baron de Breteuil, ministres de Louis XVI; des notes diplomatiques; enfin la correspondance de M. de Montézan avec le Corps de la noblesse de Bresse, quand il fut pourvu de la charge de grand bailli de cette province;

d'autres lettres écrites par M. de Montézan pendant l'émigration et depuis sa rentrée en France, à son fils et à divers membre de sa famille. La révolution éclata pendant qu'il représentait le Roi à Munich ; il resta en exil et fut réduit, pour soutenir sa famille, à exercer le professorat. C'était un homme fort instruit et d'une grande distinction ; son style permet de juger l'élévation de son caractère.

En faisant des citations, en donnant des extraits d'ouvrages, j'ai respecté scrupuleusement la vérité des textes et leur orthographe. Je me suis permis de les compléter par des annotations, afin de désigner et faire mieux connaître les personnes qui en font l'objet ; j'ai donné sur les familles alliées un aperçu sommaire.

J'ai puisé dans l'*Histoire de la Souveraineté de Dombes*, par *Samuel Guichenon*, réédité par *M. Guigue*, et dans la *Topographie du département de l'Ain* par ce savant archiviste paléographe, ainsi que dans les remarquables Nobiliaires de MM. *Jules Baux* et *Révérend du Mesnil* les renseignements qui me manquaient.

Enfin, je dois un témoignage tout particulier de respect et de gratitude à M. Valentin Smith, Conseiller honoraire à la Cour de Paris, et aux représentants actuels de deux familles alliées à celle de notre regrettée mère, Messieurs les comtes de Cibeins et de Monterno, pour l'accueil gracieux qu'ils ont bien voulu me faire en Bresse.

Je ne saurais trop, en même temps, remercier tous ceux qui m'ont fait l'honneur de me recevoir avec sympathie ; notamment M. Guigue, archiviste en chef du département du Rhône, qui m'a aidé et encouragé dans mes recherches. Je ne dois pas oublier non plus M. Laugier, conservateur du Cabinet des médailles de Marseille, qui m'a apporté sa précieuse collaboration en dessinant avec tant de talent et d'exactitude les blasons et jetons qui ornent cette brochure.

Ceux qui voudront bien accorder leur bienveillante attention aux pages qui vont suivre, conviendront que, si au temps jadis, des gentilshommes de peu d'importance abusaient de la qualité de hauts et puissants seigneurs, les comtes de Montézan de Garnerans étaient dignes de ce titre; non-seulement par le nombre et l'importance des fiefs et seigneuries qu'ils possédaient, et par leur immense fortune, mais encore, et par dessus tout, par leurs brillants états de services dans la magistrature, dans l'administration et dans l'armée.

E. DE LOMBARDON-MONTÉZAN.

Marseille, 10 *Juin* 1885.

Le portrait de S. A. S. Louis-Auguste I*er*, la dédicace de l'*Abrégé de l'histoire de la Souveraineté de Dombes* à ce prince par Claude Cachet de Garnerans, petit-fils du premier comte de Garnerans, et le portrait du doyen du parlement de Dombes, que j'ai intercalés dans le cours de cette notice à la place qui leur convient, ont été reproduits par la photogravure.

L'auteur a voulu offrir un juste tribut d'hommage à leurs mémoires et suppléer aussi par ce moyen à la médiocrité de son œuvre.

E. DE L. M.

A SON ALTESSE SERENISSIME
MONSEIGNEUR
LOUIS-AUGUSTE PREMIER,
PRINCE SOUVERAIN
DE DOMBE.

ONSEIGNEUR,

Le bon-heur que j'ay d'être élevé dans vôtre Souveraineté, & dans un College qui doit son établissement à la

B

Magnificence & à la Pieté de feuë son Alteſſe Royale, n'eſt pas le ſeul motif qui m'engage de conſacrer à VÔTRE ALTESSE SERENISSIME les Premices de mes études. Les marques de bonté dont vous honorez ma Famille, les bien-faits dont vous la comblez, & la vive réconnoiſſance qu'elle en conſervera éternellement, ne m'ont pas permis de m'adreſſer à d'autres qu'à VÔTRE ALTESSE SERENISSIME.

C'eſt ſous vôtre auguſte Protection, MONSEIGNEUR, que je vais faire voir en abregé dans ces Diſſertations Hiſtoriques, l'Origine de Vôtre Souveraineté, ſa ſituation & ſon étenduë, les droits des Souverains vos Predeceſſeurs, le temps de leur Regne, leurs Actions les plus memorables, la Création du Parlement, & l'erreur de quelques Hiſtoriens qui ont été ou mal informez de la verité ou plus partials que ſinceres ſur cette Matiere.

Ie laiſſe à d'autres le ſoin de donner

à cette Histoire tout son lustre & toute son étenduë, la foiblesse de mon âge ne me permet pas une entreprise de cette élevation ; il faut un genie plus formé, une main plus habile que la mienne, pour mettre dans leur jour les Actions éclatantes de VÔTRE ALTESSE SERENISSIME, qui immortaliseront les temps heureux de vôtre Regne ; il faut des gens consommez dans l'étude & dans l'art de bien dire, pour décrire dignement tous les Prodiges de VÔTRE ALTESSE SERENISSIME. Vos Progrez surprenans dans l'empire des Lettres, vôtre zéle pour les Autels, vôtre amour pour la Iustice & pour vos Peuples ; vos premiers Exploits qui vous ont attiré l'admiration universelle, & qui nous font voir à travers d'une valeur distinguée les traits d'une Prudence consommée, vray caractere des grands Hommes & des Heros.

Ie me renfermeray donc, MONSEIGNEUR, à supplier tres-humblement

Vôtre Altesse Serenissime d'agréer ces premiers essais de mon application; c'est un hommage que je vous dois, & qui n'est encore qu'une foible marque des sentimens de réconnoissance & de vénération qui m'ont été inspirez dés le berceau par mes Ayeuls.

C'est à leur exemple, Monseigneur, que ma principale étude sera toute ma vie de vous donner des témoignages sensibles de la fidelité inviolable & du tres-profond respect avec lequel je suis,

MONSEIGNEUR,

DE VOTRE ALTESSE SERENISSIME,

Le tres-humble, tres-obeïssant & tres-fidéle Serviteur & Sujet,
CLAUDE CACHET DE GARNERANS.

INTRODUCTION

RÉSUMÉ ANALYTIQUE

DE

L'HISTOIRE DE LA SOUVERAINETÉ DE DOMBES

DEPUIS SON ORIGINE JUSQU'A SA COMPLÈTE ANNEXION A LA FRANCE

Il m'a paru très utile de tracer ici, en peu de mots, une esquisse de l'Histoire de la Souveraineté de Dombes, en me basant sur les documents, notes et renseignements que j'ai trouvés chez les savants auteurs qui ont traité ce sujet, entre autres Samuel Guichenon (1), Claude Cachet de Garnerans (2), Moreri (3); et, de nos jours, MM. Guigue, archiviste paléographe (4), Jules Baux (5), Edmond Révérend du Mesnil (6), Debombourg (7), etc.

Le pays de Dombes, situé entre la Bresse et la Saône, fait aujourd'hui partie du département de l'Ain. Cette principauté, qui avait Trévoux pour capitale, a joui d'une indépendance absolue et d'une autonomie complète jusqu'en 1762.

Cette indépendance et cette autonomie étaient reconnues dès le temps de Philippe-Auguste. Louis XIV lui-même, dans des lettres patentes, *déclare que le souverain de Dombes n'est point à son égard comme un vassal*

---

(1) *Histoire de la Souveraineté de Dombes*, 1662.
(2) *Abrégé de l'Histoire de la Souveraineté de Dombes-Thoissey*, 1696.
(3) *Dictionnaire*, 1718.
(4) *Histoire de la Souveraineté de Dombes*, rééditée et annotée par M. Guigue. — Lyon 1874 ; et *Topographie historique de l'Ain*. — Trévoux, 1873.
(5) *Nobiliaire de l'Ain*. — Bourg-en-Bresse, 1862.
(6) *Armorial historique Bresse, Bugey, Dombes, etc., etc.* — Lyon, 1873.
(7) *Atlas historique du département de l'Ain*. — Lyon, 1859.

à *l'égard de son souverain, mais seulement comme un souverain à l'égard d'un plus puissant* (1).

Après avoir appartenu aux rois de Bourgogne, cette principauté fut, après diverses révolutions, soumise aux seigneurs de Beaujeu par les alliances de ceux de cette maison avec des demoiselles des maisons de Bresse, de Savoie et de Beaujé, comme celle d'Humbert V avec Marguerite de Beaujé, dame de Miribel, etc. Depuis, Edouard II donna, en 1400, la principauté de Dombes à Louis II, duc de Bourbon.

François Ier, dont la mère, Louise de Savoie, avait élevé des prétentions sur la Dombes (2), profita de la défection du fameux connétable Charles de Bourbon pour lui confisquer tous ses états, entre autres la souveraineté de Dombes ; il la donna à sa mère en 1524 et, à la mort de celle-ci, en reprit possession.

Nous donnons ci-après la liste des divers souverains, à partir de 1400 :

Première branche des princes de Bourbon, souverains de Dombes :

1400. **Louis II, duc de Bourbon** (3).
1410. **Jean Ier**.
1434. **Charles Ier** (connétable).

(1) Les princes de Dombes ne reconnaissaient que Dieu seul au-dessus d'eux, comme le marquent toutes leurs lettres : *Par la grâce de Dieu, princes souverains de Dombes.* V. *Abrégé de l'Histoire de la Souveraineté de Dombes*, par Claude Cachet de Garnerans, page 52, fin Thoissey, 1696.

(2) Comme fille de Marguerite de Bourbon et tante de la duchesse Suzanne, elle prétendit toutes les terres de la maison de Bourbon qui n'étaient point d'apanage, et le roi, de son côté, demanda celles d'apanage comme ayant fait retour à Sa Majesté à défaut d'enfants. Le connétable de Bourbon soutenant que, comme plus proche parent et aîné de la maison de Bourbon, il était préférable en cette illustre et ample succession ; ce grand procès ne fut pas jugé, quoique la cause eût été plaidée solennellement au Parlement de Paris.— Arch. nation., carton K. 533. P. 1370. C. 194, et P. 1367, C. 1566.

V. pièces du procès entre Louise de Savoie et Charles de Bourbon au sujet de l'apanage de Suzanne de Bourbon, pour le Bourbonnais, Forez, Beaujolais et Dombes, en 1522, et seq., Bibl. Nation. Saint-Germain. MN. 89, H. . . . .

Mais Louise de Savoie ayant obtenu un arrêt de séquestre, le connétable qui se vit dépouillé de tous ses biens et contraint d'attendre une douteuse justice, ayant le roi et sa mère pour parties, sortit mécontent du royaume et se retira, l'an 1523, auprès de l'empereur Charles-Quint.

Histoire de la Souveraineté de Dombes, par Guichenon, rééditée par M. Guigue. — Lyon 1874, pag. 324 et suivantes, tome 1er.

(3) J'ai puisé tous ces renseignements sur l'ordre de succession de ces divers souverains jusqu'à Louis-Auguste Ier dans l'ouvrage précédemment cité de Claude Cachet de Garnerans.

Succession des rois de France en la souveraineté de Dombes, durant l'interrègne des princes de Bourbon :

1524. **Louise de Savoie.**
1531. **François Iᵉʳ** (1).
1542. **Henri II.**
1559. **François II.**

Les privilèges du pays de Dombes furent confirmés par ces souverains.

François II, voulant reconnaître les grands services rendus à l'état par le duc de Montpensier, héritier des droits du connétable, lui restitue la principauté de Dombes par traité fait à Orléans, le 27 novembre 1560, ratifié par Charles IX, son frère, le 17 décembre de la même année, et reconnaît de nouveau ses droits souverains, l'indépendance et l'autonomie de cet état.

Les souverains de la branche des ducs de Montpensier furent :

1560. **Louis**, surnommé le Bon, duc de Montpensier.
1582. **François.**
1592. **Henry.**
1608. **Marie**, épouse de Gaston de France, duc d'Orléans, qui mourut en mettant au monde
1627. **Anne-Marie-Louise** d'Orléans (Mademoiselle de Montpensier), qui, dans l'espoir de tirer Lauzun de prison, céda la souveraineté au suivant.
1681. **Louis-Auguste Iᵉʳ**, duc du Maine, fils de Louis XIV et de Mᵐᵉ de Montespan (la princesse Anne-Marie-Louise s'était réservée jusqu'à sa mort la jouissance de ladite principauté, elle mourut le 5 avril 1693); de son mariage avec Anne-Louise de Bourbon, petite-fille du Grand Condé (en 1692), il laissa pour lui succéder :
1736. **Louis-Auguste II**, son fils aîné, qui mourut célibataire en 1755, et dont le frère cadet
1755. **Louis-Charles**, comte d'Eu, qui mourut également célibataire en 1775, a cédé à Louis XV, le 28 mars 1762, tous ses droits sur le pays de Dombes, en échange des vicomtés d'Agenson et d'Exme, de la seigneurie de Sorel, du duché de Gisors, du marquisat de Bizy, etc.

L'annexion officielle de ce pays à la France date du 30 août 1762 ; un arrêt du Conseil d'Etat, en date du 1ᵉʳ juin, le réunit à la province de Bresse ; et une loi spéciale du 27 septembre 1794 consacre cette réunion.

---

(1) François Iᵉʳ conserva non-seulement à la Dombes tous ses privilèges, coutumes, droits, exemptions et immunités, mais il y créa un parlement et institua une monnaie à Trévoux.

Le parlement de Dombes, créé par François Ier, eut d'abord son siège à Lyon et plus tard à Trévoux. Il était composé d'un premier président, de trois présidents à mortier, de trois maîtres des requêtes, d'un chevalier d'honneur qui siégeait l'épée au côté, de douze conseillers dont deux clercs outre le doyen de l'église collégiale de Trévoux qui était conseiller né, d'un procureur général, de deux avocats généraux, d'un substitut et de quatre secrétaires.

M. de Garnerans (Jean-Benoît), le dernier des premiers présidents de cette cour souveraine jusqu'à l'époque de sa suppression, intendant de la souveraineté de Dombes, prit une grande part aux négociations qui amenèrent l'annexion définitive de ce pays à la France. J'ai ouï dire que pendant de nombreuses années, même après la Révolution de 1789, bien des personnes avaient regretté l'indépendance et les privilèges dont jouissait le pays de Dombes.

E. DE L. M.

CACHET DE MONTÉZAN

CHEVALIERS, COMTES DE GARNERANS, MONTÉZAN, LA POYPE
LURCY ET ROMANS.

SEIGNEURS D'ARCIEU, DE BALMONT, DU BOUCHET,
DE COBERTHOUD, DE DOMMARTIN,
DE LA FONTAINE, DE LUSIGNAT, DE LA MONTLUÈDE, DE LA PÉROUSE,
DE REYRIEUX, DE ROTELIAT, DE TANAY, ETC.

GRANDS BAILLIS D'ÉPÉE,
CHEFS DE LA NOBLESSE DE LA PROVINCE DE BRESSE

Armes : *De gueules aux trois pals d'or, chargés chacun d'un losange de sable en chef.*
Timbre : Couronne de Comte; supports: deux lions affrontés.

CHAPITRE PREMIER

Généalogie depuis 1585, continuée jusqu'a ce jour.— Lettres patentes d'érection en Comté. — Alliances. — Annotations. — Extinction de la ligne directe. — Transmission de noms et armes dans la famille de Lombardon.

La maison de Cachet, originaire de la Bresse, vint s'établir dans la province de Dombes vers le milieu du quinzième siècle et y posséda un grand nombre de fiefs, entre autres la seigneurie de Garnerans, qui avait appartenu jadis : 1° à une famille chevaleresque de ce nom et éteinte vers le milieu du XIVme siècle (voy. page 55); et 2° à celle de la Guiche-Sivignon, de laquelle la famille de Cachet tint par la suite ladite seigneurie de Garnerans.

Ces renseignements, que nous trouvons dans le *Dictionnaire géographique, historique et politique des Gaules et de la France, par M. l'abbé Expilly, vol. III pages 755 et suivantes*, sont, du reste, ainsi donnés :

Garnerans (1), paroisse avec titre de comté, dans la principauté de Dombes, diocèse de Lyon, parlement et intendance de Dombes, châtellerie de Thoissey. On y compte 231 feux et 1040 personnes. Cette paroisse est située en pays de plaines et cependant assez élevé, fertile, et dont les habitants sont fort laborieux, à trois quarts de lieue de la rive gauche de la Saône, autant N. E. de Thoissey, à 1 L. S. E. de Pont-de-Velle, 1 et demie S. de Mâcon et 6 N. de Trévoux.

La terre et seigneurie de Garnerans a été possédée par la maison de la Guiche-Sivignon; elle l'est actuellement par la maison de Cachet, l'une de celles qui ont le mieux mérité de la patrie, et qui continuent de lui rendre les services les plus utiles. Cette maison, originaire de la province de Bresse, vint s'établir dans celle de Dombes vers le milieu du quinzième siècle. Claude de Cachet épousa en 1585 demoiselle Humberte de Pierre-Vive, d'une branche de la maison de Pierre-Vive en Piémont, établie en France, et alliée à la maison de Gondi. De ce mariage, vint Benoît de Cachet, allié en 1620 à demoiselle Eléonor

---

(1) V. page 45 et suiv., *Histoire des fiefs*, possédés par les Comtes de Garnerans.

DE TRELLON (1); celui-ci exerça la charge de Procureur de S. A. R. au bailliage de Dombes; Gaston de France lui donna des lettres de substitut du procureur général au parlement de Dombes. Anne-Marie-Louise de Montpensier, fille de Gaston, accorda à ce même Benoît une grâce des plus distinguées (2). De son alliance avec Eléonor de Trellon, Benoît eut Claude de Cachet, écuyer, comte de Garnerans, seigneur de Balmont, conseiller au parlement de Dombes et au présidial de Lyon, marié en 1650 à demoiselle Jeanne HANNICARD DE FLORENDAL (3). Claude de Cachet fut échevin de la ville de Lyon et intendant de la souveraineté de Dombes.

Avant d'aller plus loin, nous devons donner le texte des lettres patentes par lesquelles la terre de Garnerans fut érigée en comté au profit de Claude de Cachet. Nous insérons la teneur de ce document à cette place, tandis que l'abbé Expilly l'a reproduit à la fin de la notice. Nous l'interrompons un instant pour la reprendre après ces lettres patentes dont nous possédons l'original et qui sont ainsi conçues :

« LOUIS-AUGUSTE (4), par la grâce de Dieu, prince souverain de
Dombes, duc du Maine et d'Aumale, à tous présents et à venir :
SALUT. »

« La raison et l'expérience faisant connaître aux souverains que
« les marques d'honneur étaient les précieuses récompenses de la
« vertu ; qu'il n'y a point de moyen plus propre pour publier

(1) Fille de noble Claude de Trellon, conseiller au parlement de Dombes et de Isabeau Thoril.

(2) Cette princesse, souveraine de Dombes (qui par la suite céda ses droits au duc du Maine), érigea en fief, au mois de juin 1661, au profit de Benoît Cachet, la maison noble de la Montluède et ses dépendances près Trévoux. (V. pages 49 et 53.)

(3) Fille de feu noble Girard Hannicard (adoptée par son oncle, noble Henry de Florendal, qui lui constitua une dot importante) et de demoiselle Hélène Dugas de la Tour de Javonost et de Bois-Saint-Just, et une fille Marie Cachet, mariée à Jean DE RODES, écuyer, seigneur de Barbarel et de Chales.

(4) Ce souverain, plus particulièrement connu sous le nom de Duc du Maine, était fils naturel de Louis XIV et de Madame de Montespan, élève et favori de Madame de Maintenon; il servit dans l'armée de Flandre, en 1689, comme général de cavalerie. Il eut un cheval tué sous lui à la bataille de Fleurus. Comme lieutenant général, il fit les campagnes de

« les belles actions que d'élever ceux qui les ont faites à des
« dignités, rangs et prééminences égales à leurs mérites, et que,
« par ce moyen, ils donnent de l'émulation à ceux qui ont assez de
« cœur et de courage pour prétendre à d'égales récompenses ; ils
« ont pris un soin particulier de séparer du commun des hommes
« ceux qui se sont rendus recommandables par leur fidélité et
« affection ; et voulant à leur exemple faire connaître que de toutes
« les parties de la justice que nous devons à nos sujets, il n'y en
« a point que nous chérissions avec plus de zèle que celle qui
« balance la reconnaissance avec le mérite, nous avons cru devoir
« mettre en particulière considération les vertus de notre amé et
« féal conseiller en notre Cour de parlement, doyen d'icelles, le
« sieur CACHET, seigneur de GARNERANS, et de ses grands et signalés
« services qu'il a rendus à feu S. A. R. MADAME, d'heureuse mé-
« moire, et à nous dans l'exercice de ladite charge, depuis quarante-
« six ans qu'il distribue la justice à nos sujets avec toute l'intégrité
« possible, qu'en plusieurs autres occasions importantes dont il
« s'est acquitté avec affection et conduite, et sachant aussi le zèle
« avec lequel noble Benoît Cachet, son père, s'est comporté dans
« les emplois qui lui ont été confiés par les souverains nos prédé-
« cesseurs, et connaissant l'attachement qu'a, pour nos intérêts,
« notre amé et féal le *sieur de Montézan* (1), son fils, président

Flandre de 1691 à 1692. Il a été colonel général des Suisses et grand-maître de l'artil-
lerie et commandeur des ordres du Roi. Il fit aussi les campagnes de Flandre en 1702.
C'était un esprit très-cultivé et très-fin. Légitimé en 1673, il avait épousé en 1692 Anne-
Louise DE BOURBON, petite fille du grand Condé. Il eut de son mariage deux fils : Louis-
Auguste II, qui mourut célibataire, en 1755, laissant pour lui succéder sur le trône de
Dombes son frère cadet, Louis-Charles de Bourbon, comte d'Eu, qui vécut également
dans le célibat et mourut sans postérité, en 1775, après avoir cédé tous ses droits sur
la souveraineté de Dombes à Louis XV, le 28 mars 1762, en échange des vicomtés d'Argen-
son et d'Exme, de la seigneurie de Sorel, du duché de Givors, du marquisat de Bizy, etc.
Le 30 août de la même année elle fut officiellement annexée à la France, et, par arrêt du
Conseil d'Etat, en date du 1er juin 1781, réunie à la Bresse. Réunion consacrée de nouveau par la loi spéciale du 27 septembre 1794.

On voit encore aujourd'hui, dans la salle d'audience du palais de justice de Trévoux,
siège de l'ancien parlement, le portrait de Louis-Auguste 1er en manteau fleurdelysé, la
main posée sur sa couronne.

(1) Nous devons faire remarquer ici que longtemps avant de posséder la terre de Garnerans, les membres de la famille Cachet portaient le nom de Cachet de Montézan, attendu
qu'ils ont acquis le fief de Montézan avant celui de Garnerans. Plus tard, quand ils furent
investis d'autres seigneuries, entre autres de celle de Garnerans, le père s'intitula seigneur
de Garnerans et le fils aîné seigneur de Montézan, ainsi qu'il résulte des nombreux actes

« à mortier en notre parlement, voulant leur donner des preuves
« de notre affection et en laisser des marques à la postérité, bien
« informé que la terre de Garnerans, sise dans la châtellerie de
« Thoissey, et les fiefs et terres de Montézan, la Poëpe, Lurcy et
« Romans, consistant en plusieurs bâtiments, domaines, bois
« taillis de haute futaie, cens, rentes, dîmes et autres droits et
« devoirs seigneuriaux, de haute justice moyenne et basse, droits
« honorifiques, prééminences et prérogatives ès-églises de Gar-
« nerans, Illiat et chapelle de Saint-Loup, dont il dit avoir droit,
« toutes lesquelles terres et fiefs étant joints, unis et incorporés,
« composeront un revenu considérable, et capable de maintenir et
« supporter les nom, titre et dignité de *Comté*, dont nous avons
« bien voulu gratifier ledit sieur Cachet ; à ces causes et autres
« bonnes considérations, à ce nous mouvans, de notre certaine
« science, grâce spéciale, pleine puissance, autorité souveraine,
« nous avons joints, unis et incorporés, joignons, unissons et incor-
« porons par les présentes signées de notre main, lesdites terres,
« fiefs et seigneuries DE MONTÉZAN, LA POËPE, LURCY ET ROMANS,
« APPARTENANCES ET DÉPENDANCES D'ICELLES, dont est seigneur et
« propriétaire ledit sieur Cachet, à ladite terre DE GARNERANS, et
« icelle créée, érigée, élevée et décorée, créons, érigeons, élevons
« et décorons par ces dites présentes, signées de notre main, en
« *titre, nom, dignité et prééminence de comté pour en jouir et
« user par ledit Sieur* CACHET *et ses successeurs* **MALES** *et
« **FILLES** (1) en loyal mariage, ou ayant d'eux droit auxdits
« nom* (2), *titre et dignité* de COMTÉ.

conservés dans les archives de la famille de Cachet, notamment des lettres d'érection en comté. Depuis, le fils aîné du comte de Garnerans portait du vivant de son père le titre de comte de Montézan. Le comté de Garnerans pouvait être divisé autant de fois qu'il y avait de seigneuries jointes, unies et incorporées dans ledit comté, et le chef de la famille pouvait associer de son vivant ses enfants à ses titres et dignités en leur en départissant lesdites seigneuries ; ils devenaient par ce fait co-seigneurs avec leur père.

Ce droit a été reconnu à Jean-Benoît lorsqu'il a marié son fils avec Mlle de Vergennes et qu'il lui donna les seigneuries de Montézan et du Bouchet. (Arrêt de la Chambre des comptes de Bourgogne et Bresse du 13 janvier 1777, v. page 35).

(1) Cette exception à la règle ordinaire en matière de succession aux titres, qui appelle *les filles* à recueillir l'héritage de Claude Cachet, ne doit pas nous surprendre. Les femmes pouvaient régner sur les Dombes. Entre autres souveraines, nous pourrons citer Louise de Savoie, mère de François Ier, — Marie de Bourbon d'Orléans, — Anne-Marie-Louise d'Orléans (Mlle de Montpensier), qui fit donation de la principauté de Dombes au duc du Maine (Louis-Auguste Ier) le 2 février 1681.

(2) Les femmes des Comtes *et les maris des Comtesses*.

« Voulons *et nous plait que tels ils se puissent dire, nommer*
« *et qualifier en tous actes, tant en jugements que dehors; qu'en*
« *cette qualité ils jouissent des honneurs, armes et blasons, pré-*
« *rogatives, rangs, prééminences, tant ès-assemblées de la no-*
« *blesse qu'autrement, tout ainsi que les autres comtes de*
« *notre souveraineté, encore qu'ils ne soient pas particulière-*
« *ment spécifiés;* que tous les tenanciers desdites terres et fiefs
« les reconnaissent pour Comtes de Garnerans, en cette qualité
« baillent leur déclaration, fassent leur reconnaissance le cas y
« échéant sous le nom dudit Comté, sans que pour raison de la
« présente union, érection et changement de titre, ledit sieur de
« Garnerans soit tenu envers nous et ses tenanciers envers lui, à
« autres plus grands droits que ceux qu'ils doivent à présent, à la
« charge de relever de Nous à cause de notre seigneurie et châtel-
« lerie de Thoissey, à la charge des droits et devoirs accoutumès
« et sans déroger, ni préjudicier aux droits et devoirs si aucuns
« sont dûs; *Voulons qu'à l'avenir les justices desdits fiefs*
« *terres et seigneuries unies soient dorénavant exercées et*
« *rendues aux sujets desdits fiefs, terres et seigneuries, par*
« *les officiers de la justice principale du Comté, qui intitu-*
« *leront leurs actes, sentences et jugements de ladite qualité et*
« *titre de Comté, sans toutefois aucune mutation et change-*
« *ment de ressort, ni multiplicité de degrés, ni contrevenir aux*
« *cas Royaux, et à la charge que les appellations ressortiront*
« *où elles avaient accoutumé. Permettons* audit comte de Gar-
« nerans *d'établir prisons, et élever fourches patibulaires à*
« *quatre piliers, où bon lui semblera en l'étendue de ladite*
« *terre; un col ou pilier à carcan au bourg de Garnerans, et*
« *plusieurs autres piliers aux extrémités de ladite terre, si*
« *bon lui semble, auxquels piliers ses armes pourront être*
« *empreintes. Si donnons en mandement* à nos amés et féaux
« conseillers, les gens tenant notre cour de parlement, que ces
« présentes, notre grâce, union, érection ils fassent registrer, et
« de leur contenu *jouir et user ledit sieur Comte de Garnerans,*
« *ses successeurs et ayant cause, pleinement et paisiblement et*
« *perpétuellement;* cessant et faisant cesser de tous troubles et
« empêchement contraire *car tel est notre plaisir.* Et afin que ce

« soit chose ferme et stable à toujours, *Nous avons fait mettre
« notre scel à cesdites présentes*, sauf en autre chose notre droit
« et l'autrui en toutes. *Donné à Versailles au mois de mai de
« l'an de grâce mil-six-cent-quatre-vingt-seize et de notre
« Souveraineté le quatre, signé* : LOUIS-AUGUSTE. »

Et à côté est écrit : *pour érection de la terre de Garnerans
en comté. Visa* : DE MALEZIEUX ; *scellées du grand scel sur cire
verte.*

Lesdites lettres d'érection ont été enregistrées ès-registres de la cour, ouï et consentant le Procureur général de S. A. S. pour être exécutées selon leur forme et teneur, et y avoir recours si besoin y est, suivant l'arrêt de ce jour. En parlement à Lyon, ce six juin mil-six-cent-quatre-vingt-seize. Signé : GAILLARD, greffier.

Extrait pris et collationné sur les registres du Parlement de Dombes, par le greffier commis par ladite cour soussigné.

Ce 2 août 1764. Signé : Chuinague.

Le Dictionnaire Géographique continue ainsi (en parlant de Claude, premier comte de Garnerans) :

Il eut pour fils Benoît de Cachet de Montézan, chevalier, comte de Garnerans, seigneur de Balmont, premier président au Parlement de Dombes, allié en 1684 à demoiselle Marguerite d'ASSIER (1). Celui-ci fut prévôt des marchands et commandant de la ville de

NOTA. — Par son testament, en date du 12 mai 1725, notaire Perret à Trévoux, demoiselle Claudine Cachet de Montézan, fille de Benoît, premier président au Parlement de Dombes, et de défunte dame Perrette, novice au couvent des Carmélites de Trévoux sous le nom de sœur Marie-Emmanuel-Saint-Claude, institue pour sa légataire universelle dame David de Fongranes, sa sœur, épouse de Pierre Brossier, écuyer, seigneur de la Rouilleie.

Elle donne et lègue à son père sa part légitime, le priant de s'en contenter vu le peu de force de son hoirie, et à son frère Louis, conseiller au Parlement, une somme de 2,000 livres. Elle lègue au couvent une somme de 8,000 livres pour sa dot, frais de noviciat, etc., et fait aussi un legs à l'hôpital de Trévoux.

(1) Fille de Messire Pierre d'Assier, baron de la Chassaigne, seigneur de Marey, conseiller et secrétaire du Roy, maison couronne de France, et d'Anne Rouane.

Lyon. Il eut de son mariage deux fils, Claude de Cachet de Garnerans, et Louis de Cachet de Montézan, qui a été premier président du Parlement et intendant de la souveraineté de Dombes, allié en 1727 à Marie-Magdeleine-Elisabeth GUÉRIN DE GUILLERANCHE (1), de laquelle il n'a point d'enfants. Claude de Cachet (son frère) (2), chevalier, comte de Garnerans, seigneur de Balmont, épousa en 1713 demoiselle Marie-Anne SABOT (3), de laquelle il a eu Jean-Benoît de Cachet, chevalier, comte de Garnerans, seigneur de Reyrieux, premier président au Parlement de Dombes et intendant de la souveraineté de ce nom, allié en 1744 à demoiselle Marie-Anne JEANNON (4), dont il a eu Louis de Cachet de Montézan, chevalier, comte de Garnerans, qui n'est point encore marié (en 1764).

Le Livre de l'abbé Expilly ayant été publié en 1764, nous allons continuer la généalogie à partir de cette époque, en la reprenant à Louis qui n'était pas encore marié.

Louis Cachet de Montézan, né à Paris le 10 octobre 1746, épousa le 30 avril 1775 Marie-Thérèse GRAVIER DE VERGENNES (5).

(1) Fille de noble Joseph-Guérin de Guilleranche, écuyer, conseiller du Roy, contrôleur des finances de la généralité de Lyon, et de dame Marie-Madeleine Midy.

(2) Claude de Cachet, petit-fils du premier comte de Garnerans, élevé au collège de Thoissey, a écrit l'*Abrégé de l'histoire de la Souveraineté de Dombes*, dont nous avons donné l'intitulé au commencement de ce recueil.

(3) Elle était fille de noble Louis Sabot, écuyer, seigneur de Luzan, conseiller en la Cour des monnaies de Lyon, et de Pierrette Mey. Louis Sabot, sieur du Pivolay, fut échevin de Lyon en 1700. — François Sabot de Sugny était en 1736 seigneur de la Collonge. — Messire Sabot du Pizay fit reprise de fief le 30 décembre 1776 de la Seigneurie de Merégo. — La branche dite de Luzan se fixa à Paris.

(4) Fille de noble Hugues Jeannon, écuyer, conseiller en la Cour des monnaies de Lyon, et de Marie-Anne Cholier de Cibeins (des barons d'Albigny, comtes de Cibeins).
La noblesse des familles Sabot et Jeannon a été prouvée par Charles-Constantin-Louis-Anne Cachet de Montézan, comte de Garnerans, avec pièces à l'appui, lors de son admission dans l'Ordre de Malte, ainsi qu'il résulte de l'inventaire qu'il dressa à cet effet le 24 août 1782. Ce document donne toutes preuves pour ce qui concerne les autres familles mentionnées dans la généalogie et rappelle d'abord l'érection de la terre de Garnerans en comté au profit de Claude Cachet et de *tous ses descendants Mâles et Filles*, etc., etc. (Il met *descendants* au lieu de *successeurs*).

(5) Fille de Jean Gravier de Vergennes, baron de Thénars, président de la Chambre des comptes de Bourgogne, et de Jeanne-Claude de Chavigny, nièce germaine de Charles Gravier, comte de Vergennes, commandeur des ordres du Roi, l'illustre ministre des affaires étrangères de Louis XVI. Il a honoré de sa signature le contrat de mariage de sa nièce avec M. de Montézan.

Jean-Benoît Cachet (1), comte de Garnerans (2), donna à son fils, à l'occasion de ce mariage, les seigneuries de Montézan et du Bouchet, et le fit admettre aussitôt à prêter serment de foi et hommage au Roi pour le joyeux avénement, devant la Chambre des comptes de Bourgogne et de Bresse, en qualité de comte de Garnerans. Et suivant l'arrêt de ladite cour, en date du 13 janvier 1777, il fit aveu et dénombrement dudit comté dans les délais exigés (3).

(1) Dans l'extrait du *Dictionnaire des Gaules*, l'abbé Expilly fait précéder le nom de Cachet de la particule DE, nous avons respecté le texte de cet ouvrage.

Dans tous les actes et documents, les membres de la famille s'appellent Cachet de Montézan ou de Garnerans, nous nous conformons à l'orthographe du nom, en nous permettant de faire observer qu'autrefois les gentilshommes n'avaient pas l'habitude de faire précéder les noms patronymiques de cette particule, qui ne se portait généralement que devant les noms de fiefs pour indiquer qu'on en était seigneur ; quelque temps avant la révolution et par la suite les nobles ont fait précéder leurs noms de la particule pour indiquer leur qualité.

De nos jours, comme ils ne peuvent plus se qualifier de nobles ni d'écuyers, l'usage de cette particule devant les noms de famille s'est généralisé.

(2) Le caractère de Jean-Benoît, le dernier des premiers présidents du Parlement de Dombes, est ainsi dépeint dans l'ouvrage intitulé : *Paris, Versailles et les provinces au 18ᵐᵉ siècle*, par un ancien officier aux Gardes françaises (Dugas de Bois-Saint-Just), in-8°, Paris, 1809, t. 1, pages 283 et 284 :

M. de Garnerans, premier président du Parlement de Trévoux, était un magistrat savant, intègre, éclairé, mais vif, impatient, emporté même quand il éprouvait la plus légère contradiction. Se trouvant à une assemblée publique de l'Académie de Lyon, dont il était membre, il annonça qu'il allait lire un discours sur la modération.

On fit le plus grand silence, et il commença ainsi :

« Messieurs, la modération....., fermez cette porte ! Messieurs, la modération....., « voulez-vous bien fermer cette porte ! Messieurs, la modération est une vertu..... « Sacrebleu ! fermerez-vous cette porte ? »

M. de F......., nommé premier président du conseil supérieur de Lyon à l'époque des innovations entreprises par le chancelier Meaupeou, fut chargé de la suppression du Parlement de Trévoux. (Depuis le 30 août 1762, les Dombes étaient officiellement annexées à la France et incorporées à la Bresse. On voit que le Parlement n'a été supprimé que plus tard). Il se rendit dans cette ville, assembla les magistrats au palais, et après un discours aussi honnête qu'analogue à cette triste circonstance, il leur intima les ordres dont il était dépositaire.

M. de Garnerans répondit en peu de mots que son premier devoir était d'obéir aux ordres de son souverain, *quel que fût l'organe par lequel il lui plût de les faire signifier*, et quittant aussitôt sa place, accompagné de tous son corps, il se disposa à sortir de la salle. Mais les portes s'ouvrant, il aperçut son laquais ; et jetant à l'instant à terre sa simarre et son mortier : « Antoine ! s'écria-t-il, ramasse cela, ce n'est plus bon que « pour des valets. »

Pour sentir la dureté de ce sarcasme, il faut savoir que le père de M. de F....... avait porté la livrée et que cette désagréable anecdote était consignée de la manière la plus authentique dans la *Correspondance*, ouvrage répandu alors avec la plus grande profusion.

(3) Voir la teneur dudit arrêt, page 35.

A partir de l'époque de son mariage, Louis porte le titre de Comte de Montézan, qui lui est reconnu dans toutes les lettres patentes, nominations, etc., ainsi qu'on le verra dans les pièces reproduites à la fin de ce recueil (1). A la mort de son père, il se qualifie de Comte de Montézan et de Garnerans.

Ministre plénipotentiaire de Louis XVI, près l'électeur de Cologne d'abord et ensuite près l'électeur Palatin (Bavière), il fut pourvu de la charge de grand Bailli d'épée de la province de Bresse, en remplacement du comte de Riccé, le 6 septembre 1786 (2), et installé dans cette dignité le 7 août 1787. Il reçoit à cette occasion les félicitations du corps de la noblesse du pays dont il est devenu le chef, et le prince de Condé, gouverneur général de Bresse, l'honore d'une lettre des plus flatteuses (3).

De son mariage avec Mlle de Vergennes, Louis Cachet, comte de Montézan et de Garnerans, eut deux fils et une fille :

1° Benoît-Jean-Claude Cachet, comte de Montézan (4), né à Paris le 2 février 1776, marié, à Saint-Chamas, le 12 septembre 1808, à Louise-Gertrude de Lavison.

2° Charles-Constantin-Louis-Anne Cachet de Montézan, comte de Garnerans, né à Paris le 28 juillet 1778 (5).

3° Caroline Cachet de Montézan, née à Paris le 8 septembre 1782, mariée, à Paris, le 17 novembre 1807, à Paul-Marie de Lavison, frère de Louise-Gertrude de Lavison (6), et décédée à Istres (Bou-

---

(1) Voir, page 23 et suiv., charge de bailli d'épée, etc.

(2) Voir, page 23 et suiv., la teneur des lettres patentes et la correspondance de M. de Montézan avec le prince de Condé et le corps de la noblesse de Bresse et Dombes.

(3) Il servit dans les gardes du corps de Monsieur (plus tard Louis XVIII), et fut nommé capitaine de cavalerie le 3 juin 1779. Pendant l'émigration, il prit du service dans l'armée de Condé et mourut à Die (Drôme), le 28 décembre 1816, chez son gendre, M. de Lavison.

(4) Il servit également dans l'armée de Condé (Compagnie des chasseurs nobles de l'institution de Saint-Louis). Au retour de Louis XVIII, il entra dans les gardes de la porte comme sous-brigadier, puis brigadier, il fit partie des gardes du corps quand la compagnie des gardes de la porte fut dissoute. Il prit sa retraite comme chef de bataillon. Chevalier des ordres de Saint-Louis et de la Légion d'honneur, il mourut à Marseille le 13 mars 1820. (La compagnie des gardes de la porte était commandée par le général comte de Vergennes). M. de Montézan présenta à Louis XVIII la députation de St-Chamas.

(5) Chevalier de Malte, décédé à Lyon, célibataire, en 1809.

(6) Garde de la porte avec son beau-frère, M. de Montézan, puis officier de gendarmerie et chevalier de la Légion d'honneur.

ches-du-Rhône) le 18 janvier 1864, laissant de nombreux enfants et petits-enfants (1).

De son union avec M{^{lle}} de Lavison, le comte Benoît-Jean-Claude de Montézan a eu Pierre-Benoît-Louis Cachet comte de Montézan et de Garnerans, né à Marseille le 17 mai 1819, marié, le 25 avril 1844, à Anne-Marie-Eudoxie DE BARRIGUE DE MONTVALON (2), décédé à Marseille, sans descendance, le 21 décembre 1875.

Et une fille Caroline-Bénédictine-Louise de Cachet de Montézan, née à Saint-Chamas (Bouches-du-Rhône), le 12 mai 1817, mariée, le 27 novembre 1838, à Alexandre-Adolphe DE LOMBARDON, avocat, ancien magistrat, décédée à Marseille le 24 juin 1879, (son mari, M. de Lombardon, est décédé à Aix, le 16 mai 1877); et d'autres enfants morts en bas âge.

Benoît-Pierre-Louis CACHET, COMTE DE MONTÉZAN ET DE GARNE-

---

(1) M. et M{^{lle}} de Lavison étaient fils de Jean-Joseph-Antoine de Lavison et de Marie-Anne Reboul.

Cette famille, originaire de l'Angleterre, vint s'établir en France à la suite du prince Noir et se fixa en Guyenne, où se trouve encore, près de Saint-Macaire, le château de Lavison, et y demeura jusqu'en 1519. Certains de ses membres vinrent plus tard à Saint-Chamas (Provence), où ils formèrent plusieurs branches. Ils ont eu plusieurs membres de leur famille comme Consuls et Maires de Saint-Chamas. M. Paul de Lavison a exercé ces fonctions pendant longtemps. Parmi les petits-fils de M{^{me}} de Lavison, née de Montézan, feu M. Charles de Lavison (enfant de son fils aîné) a épousé sa cousine, M{^{lle}} de Lombardon; il est mort lieutenant de vaisseau, officier de la Légion d'honneur (voir page 12); l'autre, M. Raoul de Lavison, enfant de son fils cadet, est officier de cavalerie et a pris part à la dernière expédition de Tunisie où il s'est distingué. — Il a été officier d'ordonnance du général commandant la subdivision de Sétif.

(2) Fille de Joseph-André de Barrigue, COMTE DE MONTVALON, et de feu Angélique-Marie DE VOISSAN.

La famille de Barrigue est originaire du Portugal, où elle occupait un rang distingué. Les membres de cette maison, qui suivirent la fortune du roi Antoine, perdirent tous leurs biens et se réfugièrent avec lui en France, où l'un deux, *Gérard*, eut deux fils, *Amiel* et *Mathieu*. Amiel fit la branche des seigneurs DE FONTAINIEU (près Marseille), dont les membres sont aujourd'hui établis à Bordeaux.

Mathieu fit la branche des seigneurs DE MONTVALON, établie encore aujourd'hui au château de ce nom, près Vitrolles en Provence, et à Aix.

La famille de Fontainieu a donné un capitaine de vaisseau, chevalier de Saint-Louis, qui émigra pendant la Révolution, et devint un peintre fort distingué.

Celle de Montvalon a donné un échevin de Marseille, deux conseillers au Parlement de Provence qui ont laissé des ouvrages de jurisprudence fort estimés. Elle a contractée de belles alliances et se trouvait apparentée avec l'illustre Berryer.

(Voir : *Histoire héroïque et universelle de la noblesse de Provence*, par Artefeuil, et autres ouvrages).

rans, étant décédé sans postérité le 21 décembre 1875, et *les filles se trouvant appelées, en vertu des lettres patentes de mai 1696, à recueillir les noms, titres et armes de la maison de Cachet.*

Mme DE LOMBARDON, sœur et héritière du défunt comte, dernier représentant de la ligne directe, qui devait à son tour transmettre à ses enfants ce patrimoine de famille, a demandé et obtenu pour ses fils, par décret du 11 février 1879, rendu en Conseil d'État et suivi d'un jugement du Tribunal de Marseille, le 30 juin 1880, l'autorisation de joindre à leur nom celui de CACHET DE MONTÉZAN, afin que leur état civil se trouvât en harmonie avec les dispositions de l'acte souverain de mai 1696.

Cette famille est représentée aujourd'hui par Mme La COMTESSE DE MONTÉZAN DE GARNERANS, née de MONTVALON, veuve du défunt comte et, par les membres actuels de la descendance utérine substituée par suite d'extinction à la descendance masculine et appelée à continuer et perpétuer le nom CACHET DE MONTÉZAN et qui se compose de :

MM. DE LOMBARDON-CACHET DE MONTÉZAN (1), héritiers des droits de Mme de Lombardon, leur mère, comtesse de Montézan et de Garnerans.

1° Adolphe-Émile-Ludovic, *chef du nom et des armes*, né à Marseille le 15 décembre 1839, marié, le 20 février 1871, à Mélanie-Marie-Caroline BONFORT-BEY, décédée à Marseille le 27 janvier 1885 (2).

2° Charles-Claude-Jules, né à Marseille le 17 septembre 1844, marié, le 29 septembre 1879, à Louise-Laurence DE SAINT-JACQUES (3).

---

(1) Voir armes, page 15.

(2) Fille de Charles-Etienne Bonfort-Bey, secrétaire des commandements de S. A. le Vice-Roi d'Egypte, chevalier de la Légion d'Honneur, du Saint-Sépulcre, commandeur de Saint-Grégoire le Grand ; et de Marie-Honorine Turcinowich.

(3) Fille de Joseph-Louis-Auguste de Saint-Jacques et d'Anne-Julie de Laget. Cette famille, fixée à Marseille de temps immémorial, a donné deux premiers échevins, un assesseur de Marseille, deux trésoriers-généraux de France en la généralité de Provence et, au siècle dernier, une illustration en la personne de Saint-Jacques-Silvabelle, savant astronome, directeur de l'Observatoire de Marseille, et dont la réputation s'étendit dans l'Italie, l'Allemagne et l'Angleterre; cette dernière puissance chercha même à attirer et à fixer chez elle l'astronome français, chez qui l'amour de la patrie l'emporta sur les offres brillantes qui lui furent faites. Il a laissé un grand nombre d'ouvrages astronomiques très-remarquables et un manuscrit sur les rapports du corps avec l'âme et de l'âme avec Dieu.

3° Adolphe-Benoît-Eudoxe, né à Marseille le 13 mai 1846, marié, le 7 octobre 1873, à Caroline-Bénédictine-Léonie DE LAVISON, décédée le 18 mai 1875 (1).

4° Alloïs-André-Joseph, né à Marseille le 3 juillet 1850, marié, le 12 février 1881, à Juliette-Gasparine-Geneviève DE COYE DE CASTELET (2).

Et de leurs enfants.

5° Mme Caroline-Emilie-Marie, née à Marseille le 16 mai 1841, mariée, le 5 septembre 1863, à Charles-Marie-Xavier DE LAVISON (3), lieutenant de vaisseau, officier de la Légion d'honneur, chevalier de l'ordre de Saint-Grégoire le Grand, etc., décédé à Toulon le 31 mai 1873.

6° Mme Augusta-Catherine-Joséphine, née à Marseille le 19 mai 1848, mariée, le 20 novembre 1869, à Nicolas PAQUET (4).

Leurs sœurs.

(1) On remarquera ici que Mlle de Lavison avait épousé son cousin issu de germain, M. Eudoxe de Lombardon-Cachet de Montézan, et que Mlle de Lombardon avait précédemment épousé M. de Lavison, son cousin, frère de Mlle de Lavison. Comme leurs grand'pères et grand'mères, ils avaient épousé également frère et sœur.

(2) Fille de François-Charles-Roger de Coye de Castelet et de Alexandrine-Emilie de Joursin.

(3) Petit-fils de Mme de Lavison, née de Montézan. A sa sortie de l'école, il fait en qualité d'aspirant la campagne de Baltique à l'âge de 17 ans. Enseigne de vaisseau très-jeune, il est décoré de la Légion d'honneur pendant l'expédition de Chine, où il fut blessé en montant à l'assaut, il était à peine âgé de 23 ans ; peu après il reçoit la croix de Saint-Grégoire le Grand et une décoration de l'empereur de Chine après l'insurrection qui avait éclaté contre le gouvernement chinois et que l'armée française réprima.

Lieutenant de vaisseau à 27 ans, officier de la Légion d'honneur à 32 ans pendant le siège de Paris, où il se distingua brillamment, léguant aux ministères de la guerre et de la marine un système qu'il avait inventé pour mobiliser avec leurs affûts les plus grosses pièces de marine, qu'il portait ainsi à une grande distance du fort de Noisy-le-Sec. Il reçut les félicitations de ses chefs et du gouverneur de Paris. Il mourut à l'âge de 34 ans, à Toulon, au moment où il allait être nommé capitaine de frégate. Homme de cœur, officier remarquable, il emporta les regrets de sa famille et de ses amis.

(4) M. Nicolas Paquet, membre de la Chambre de Commerce de Marseille, administrateur de la Banque de France, est le chef et le fondateur d'une des principales compagnies de navigation à vapeur de Marseille. Il a créé deux lignes importantes entre Marseille et les côtes du Maroc et les principaux ports de la Mer Noire, Constantinople, etc.

JETONS CONSULAIRES DE LYON

Claude CACHET, écuyer, seigneur de Montézan,

Premier échevin de Lyon.

1670

Messire Benoît CACHET DE MONTÉZAN, chevalier, comte de Garnerans,

Ancien premier président au Parlement de Dombes,

Prévôt des Marchands.

1705

LOMBARDON-CACHET DE MONTÉZAN

Parti : au 1er d'azur à deux bâtons écotés et passés en sautoir alaizés d'or, accompagnés en chef de trois étoiles rangées de même et en pointe d'un loup courant, aussi d'or. Au 2me de gueules à trois pals d'or chargés chacun en chef d'un losange de sable. Timbre : couronne de comte ; supports : deux lions affrontés.

CHAPITRE II

Notice abrégée sur la famille de Lombardon (de Marseille).

LOMBARDON : d'azur à deux bâtons écotés et passés en sautoir alaizés d'or accompagnés en chef de trois étoiles rangées de même et en pointe d'un loup courant aussi d'or.

Voyez : *Armorial général de France*, par d'Hozier, vol. Provence. Bibliothèq. nationale. — *Armorial manuscrit des Consuls et Échevins de Marseille*, Bibliothèq. de la ville (ouvrage très-rare). — *Armorial de la Ville de Marseille*, par le comte Godefroy de Montgrand, 1864, page 134, n° 227. — *Armorial des Échevins de Marseille*, par M. Octave Teissier, pages 50 et 151.

Pieusement et fermement attachés au nom et aux traditions d'honneur que lui ont légué ses pères, ceux dans la personne desquels se confondent désormais les noms de deux familles également anciennes et honorables, croiraient manquer à leur devoir si après avoir donné sur leurs ancêtres maternels la relation généalogique qu'on vient de lire, ils ne consacraient pas quelques mots à ceux dont ils sont les descendants. La généalogie de la famille de Lombardon fera l'objet d'un travail spécial, qui n'a pu encore être terminé à cause de l'obscurité qu'offrent les anciens registres et les lacunes qui s'y trouvent. Quoique ne devant pas entrer dans le recueil destiné à la famille de Montézan, elle doit y avoir cependant aussi sa place, puisque ses membres en portent aujourd'hui le nom. Nous allons, dans un court exposé, relater son ancienneté, ses états de service et le rang distingué qu'elle a toujours occupé dans notre histoire locale.

Fixée à Marseille de très-bonne heure (1), elle a joué un rôle honora-

(1) Son nom figure dans les registres notariaux les plus anciens. Jusqu'à ce jour, en nous basant sur des actes authentiques, nous n'avons pu dresser un état généalogique qu'à partir de 1653. On sait que c'est sous François Ier seulement que le clergé fut contraint d'enregistrer les baptêmes, les mariages et les décès. Antérieurement ces trois principales étapes de la vie humaine : la naissance, le mariage et la mort n'étaient mentionnés nulle part. Souvent on est obligé de recourir à des souvenirs et à des traditions conservées dans les familles sans pouvoir en contrôler l'exactitude.

ble sous les rois François Ier, Henri III et Louis XIV. Plusieurs de ses membres ont fait souvent partie du Corps municipal et en ont rempli les premières charges.

Hommes indépendants, défenseurs passionnés des libertés publiques dont jouissait leur cité, ils n'ont jamais craint de protester et de se mettre à la tête des mouvements populaires toutes les fois que le pouvoir a menacé ses vieilles franchises, ses droits et ses immunités, et ont toujours donné à nos rois et à la religion des gages précieux de leur inaltérable fidélité et d'un dévoûment éprouvé.

Sur le catalogue des Prud'hommes des patrons pêcheurs, qui se trouve dans la salle d'audience de ce tribunal, on remarque un grand nombre de prud'hommes et de présidents du nom de Lombardon. Cette juridiction, la plus ancienne de celles qui furent créées à Marseille, était jadis très-puissante, sa compétence s'étendait même aux procès criminels à une certaine époque ; et nombre de familles distinguées dans le Corps de la noblesse, telles que celles de : *de Beaulieu, de Floux, d'Antoine, d'Antony*, etc., en ont occupé les sièges. Il ne faut pas oublier qu'autrefois le commerce de la pêche avait à Marseille une importance exceptionnelle.

En 1507, Louis Lombardon est consul de Marseille, avec Fouquet Nouveau et Louis de Forbin.

En 1533, un prud'homme du nom de Lombardon, que l'on croit être fils du consul, assiste avec tout son corps à la réception solennelle qui fut faite au roi François Ier.

En 1588 et les années suivantes, le prud'homme Etienne Lombardon se jette dans les agitations qui troublaient Marseille, et, catholique ardent, embrasse avec chaleur la cause de la Ligue.

En 1696, Trophime Lombardon, riche négociant et secrétaire de la Chambre de commerce, pour se conformer à l'édit de Louis XIV, fait enregistrer par d'Hozier les armoiries déjà anciennes de sa famille (les mêmes que le consul portait en 1507).

(1) La maison que nous possédons encore rue des Trois-Soleils, n° 12, et que l'on dit avoir été habitée par le consul Lombardon, a été acquise par acte du 25 janvier 1572. Antoine Lombardon, dont la famille en était déjà depuis longtemps propriétaire, la céda à ses trois neveux, Thomas, Antoine et Raimond.

En 1699, un LOMBARDON, vice-consul à Larguié, demande à d'Hozier un certificat de ces armoiries.

En 1720, CLAUDE LOMBARDON (1), frère de Trophime, se distingue par son dévoûment et son énergie pendant la terrible peste qui décima Marseille. Il fut un des commissaires de la paroisse des Accoules chargés de visiter leurs îles par les quatre coins.

En 1737, BRUNO LOMBARDON (2), fils aîné de Trophime, fut premier échevin de Marseille.

ANDRÉ, fils cadet de Trophime, exerça pendant plusieurs années les fonctions de notaire.

En 1788, MATHIEU DE LOMBARDON, fils d'André, fut conseiller du Roi, chevalier et président trésorier de France en la généralité de Provence, nommé le 4 mars 1788, et installé à Aix le 23 octobre suivant en remplacement de M. de Bernes de Bourthoumieuves.

De son union avec Mlle DE DEYDIER (3), Mathieu eut plusieurs enfants dont un seul survécut, ANTOINE-CÉSAR DE LOMBARDON, qui épousa à Aix, le 8 octobre 1788, Mlle DE TRUPHÈME (4), fille de noble GASPARD DE TRUPHÈME, commissaire des guerres, conseiller du Roi, etc., etc. (5).

(1) Amadis Lombardon, qui vivait en 1653, eut trois fils : Claude, Jean-Baptiste et Trophime. Le premier n'a pas laissé de postérité, le deuxième a laissé une descendance représentée par MM. Albert-Emile-Jean-Baptiste et Edmond-Antoine; la descendance du troisième (Trophime) est représentée par la famille de Lombardon-Montézan.

(2) Dans l'acte de son mariage avec Mlle Magdeleine de Guillermy, paroisse Saint-Martin, 1721, il est désigné comme suit : Balthazar-Bruno de Lombardon.

(3) Alliée à la famille de Mirabeau.

(4) Voir mariage d'Antoine-César de Lombardon, écuyer, avec Anne-Elisabeth-Emilie de Truphème, 28 octobre 1788, Aix, paroisse du Saint-Esprit.

(5) M. Antoine-César de Lombardon a été conseiller municipal sous l'Empire et la Restauration, juge et président du Tribunal de Commerce, membre du Conseil de la Santé. Il fit partie de la délégation des notables marseillais qui allèrent porter à Louis XVIII les félicitations de la ville de Marseille. Chevalier de la Légion d'honneur, il fut décoré des mains du Comte d'Artois quand ce prince vint à Marseille et visita l'importante usine de M. de Lombardon.

De ce mariage sont nés :

1° Augustin-Gaspard-Mathieu-Raphaël (1), né le 11 septembre 1789, marié, le 14 novembre 1826, à Anne-Jeanne Sauvaire.

2° Pierre-César-Frédéric (2), né le 29 mars 1791, marié, le 30 octobre 1827, à Claire-Henriette des Michels d'Oraison.

3° Alexandre-Adolphe de Lombardon (3), né à Marseille le 24 messidor an 9 (13 juillet 1801), marié, ainsi qu'il a été dit plus haut, à Mlle Cachet de Montézan ; décédé à Aix le 16 mai 1877, et dont les enfants constituent aujourd'hui la famille de Lombardon-Montézan (v. p. 22 et 23).

En dehors des alliances ci-devant mentionnées, nous devons citer celles contractées autrefois par la famille de Lombardon avec les familles : Arquier de Montbran ; de Sault ; Noble ; de Boisselly ; Emeric ; de Saint-Chamas ; de Guillermy.

Et plus récemment, par le mariage d'Antoine-César avec Mlle de Truphème, elle se trouvait également alliée avec les familles : de Giraud d'Agaÿ, de Fabre, de Mazan, de Coye de Castelet, de Capdeville, de Boyer d'Eguilles, de Coriolis et du Puget de Pradt.

---

(1) Voir baptême dudit, paroisse Saint-Martin, 12 septembre 1789, noble Augustin-Gaspard-Mathieu-Raphaël de Lombardon, fils de noble Antoine-César, écuyer, son parrain fut son grand-père noble Mathieu de Lombardon, chevalier, conseiller du Roi, président-trésorier de France, etc.

Il n'a laissé qu'une fille, feue Jeanne-Julie-Césarine, mariée à Lazare-Alfred marquis de Clapiers-Colongue, dont le fils aîné, le comte Gaston de Clapiers, capitaine d'infanterie démissionnaire, a épousé Mlle Marie-Thérèse de Foresta, et la fille est mariée au vicomte Olivier de Carné-Marcein, lieutenant de vaisseau, chevalier de la Légion d'honneur.

(2) Voir baptême dudit, paroisse Saint-Martin, 29 mars 1791.

Il a eu deux filles, dont l'une est décédée célibataire et la deuxième..... Félicité avait épousé feu Amiel-Joseph de Giraud-d'Agay. — La fille aîné de Mme de Giraud d'Agay est mariée à M. Paul Ginier, avocat, et la cadette au vicomte Auguste de Lafont.

(3) Voir page 11 et suivantes.

Juge-auditeur à Marseille au Tribunal civil ; il refusa solennellement en 1830 de prêter serment au nouveau gouvernement et fut déclaré démissionnaire.

CHAPITRE III

CHARGE DE GRAND BAILLI D'ÉPÉE DE BRESSE

Lettres patentes de Louis XVI. — Réception de M. de Montézan, son installation dans cette charge. — Lettres du prince de Condé, du ministre baron de Breteuil et du corps de la noblesse de Bresse a cette occasion. — Réponses de M. de Montézan.

Lettres patentes de Louis XVI, conférant la dignité de grand bailli d'épée de la province de Bresse à *Louis Cachet, comte de Montézan et de Garnerans*, son ministre plénipotentiaire près l'électeur Palatin en remplacement du défunt comte de Riccé. — 6 septembre 1786.

Louis, par la grâce de Dieu, Roy de France et de Navarre, à tous ceux qui ces présentes verront, *Salut*.

La charge de grand bailly d'épée de notre province de Bresse se trouvant vacante par le décès du sieur Charles-Marie comte de Riccé, nous en avons accordé l'agrément à notre cher et bien aimé le sieur *Louis Cachet comte de Montézan* notre ministre plénipotentiaire près l'électeur Palatin. *A ces causes* et autres à ce nous mouvans, Nous avons audit sieur Louis Cachet comte de Montézan, donné et octroyé, donnons et octroyons par cesdites présentes signées de notre main, *La charge de grand bailly d'épée* de notre province de Bresse, que tenait et exerçait cedit sieur comte de Riccé décédé le 22 juillet 1783, jouissant de la survivance après le décès duquel sa veuve ès-noms et qualités qu'elle procède nous aurait nommé et présenté ledit sieur comte de Montézan, par acte du 19 juin dernier qui a payé en nos revenus et casuels le droit de survivance au seizième denier en conséquence de l'arrêt de notre conseil du vingt-neuf aoust dernier, ainsi qu'il appert par la quittance du sieur Bertin dont copie collationnée est cy-attachée; pour ladite charge avoir, tenu et dorénavant exercer en jouir et user par ledit sieur comte de Montézan à titre de survivance et aux honneurs, pouvoirs, libertés, fonctions, autorités, privilèges, exemptions franchises, immunités, prérogatives, prééminences, rang, séance, gages, appointements et autres droits, attributions, fruicts et profits, revenus et émoluments y appartenants, tels et tout ainsi qu'en a jouï ou dû jouir ledit sieur comte de Riccé et qu'en jouissent ou doivent jouir lesdits pourvus de pareilles charges conformément à l'Edit du mois d'octobre 1693, arrêt du conseil et lettres patentes sur icelui le seize décembre 1759 et autres rendus en conséquence. *Si donnons en mandement* à nos amés et féaux conseillers, les gens tenant notre cour de Parlement et Aydes à Dijon, que leur étant apparu des bonnes vie, mœurs, conservation et religion catholique apostolique et romaine dudit sieur comte de Montézan, ils le reçoivent, mettent et instituent de par nous en possession de ladite charge, et l'en fassent jouir et user pleinement et paisiblement aux honneurs, pouvoirs, libertés, fonctions, autorités, privilèges, exemptions, franchises, immunités, prérogatives, prééminences, rang, séance, gages, appointements et autres droits, attributions, fruits, projets, revenus et émoluments susdits et y appartenant et lui obéir et entendre de tous ceux et ainsi qu'il appartiendra les choses touchant et concernant ladite charge. *Mandons* en outre à nos amés et féaux conseillers les Présidents trésoriers de France et généraux de nos finances à Dijon, que par les Trésoriers receveurs payeurs et autres comptables qu'il appartiendra et des fonds à ce destinés appointements et droits appartenant à ladite charge, à commencer du jour et date de sa réception, de laquelle rapportant copie collationnée ainsi que des présentes et pour une fois seulement avec quittance de lui sur ce suffisantes, nous voulons lesdits gages, appointements et droits être passés et alloués en la dépense des comptes de ceux qui en auront fait le payement, par nos amés et féaux conseillers les gens tenant notre chambre des comptes à Dijon auxquels *mandons* ainsi le faire sans difficulté ; *car tel est notre plaisir*, en témoin de ce quoi nous avons fait mettre notre sceau à cesdites présentes. Donné à Versailles le sixième jour de septembre. L'an de grâce mil-sept-cent-quatre-vingt-six, et de notre règne le treizième.

Signé : Louis.

et au dos est écrit :
Par le Roy.

Signé : Le Baron de Breteuil.

Enregistré au Bureau des finances à Dijon en vertu de l'ordonnance du neuf avril mil-sept-cent-quatre-vingt-sept.

Signé : Florens.

Enregistré sur la requête du sieur Louis Cachet de Montézan, ministre plénipotentiaire près l'électeur Palatin, comte de Garnerans, dénommé aux présentes. Les conclusions du Procureur général du Roy pour jouir par le pourvu de ladite charge, des gages, appointements et droits y appartenant, à la charge de justifier de sa filiation pour raison de la qualité de comte de Garnerans. Fait en la chambres des comptes, à Dijon, le neuf aoust mil-sept-cent-quatre-vingt-sept.

Signé : Cinqfonds.

Enregistré au greffe de la cour en exécution de l'arrêt du sept août mil-sept-cent-quatre-vingt-sept.

Signé : Laurent.

Enregistré au greffe du bailliage de Bresse en exécution de sentence du vingt-trois août mil-sept-cent-quatre-vingt-sept.

Signé : Chicod.

Séance R. du 1er septembre 1786, art. 1er.

Dijon, le 7 août 1787.

Réception par le Parlement du grand bailli d'épée de Bresse en la personne de M. le comte de Montézan ; enregistrement des lettres patentes lui conférant cette dignité.

Extrait des minutes du greffe du Parlement de Bourgogne.

Vu par la cour les provisions accordées par le Roy le six septembre mil-sept-cent-quatre-vingt-six, au sieur *Louis Cachet comte de Montézan*, ministre plénipotentiaire du Roy près l'électeur Palatin, de la charge de grand bailly d'épée de la province de Bresse, données à Versailles ledit jour six septembre dernier, signées Louis et sur le repli par le Roy, le baron de Breteuil, scellées du grand sceau en cire jaune, la requête tendante à sa réception à ladite charge, l'extrait baptistaire dudit sieur Cachet de Montézan du onze octobre mil-sept-quarante-six tiré des registres de l'église paroissiale Saint-Michel et Saint-Martin d'Ainay de Lyon duement légalisé, l'information faite par commissaire de la cour le jour d'hier de sa vie, mœurs, âge, religion et noblesse, les lettres vérificatives de sa noblesse et extraction, conclusions du procureur général du Roy, et ouï le rapport de M. Henry Mairetet de Thorcy, conseiller commissaire cette part.

La Cour a reçu et reçoit ledit Louis Cachet de Montézan audit Etat et office de grand bailly de la province de Bresse, et par luy en prêtant le serment accoutumé et faisant profession de foy, et à la charge de faire sa résidence dans l'étendue du Bailliage de mettre ledit Louis Cachet de Montézan en possession réelle de l'Etat et office, ordonne qu'il sera reconnu pour grand bailly de la province de Bresse et obeï en tout ce qui concerne le service du Roy et le bien public. Fait en parlement à Dijon le sept août mil-sept-cent-quatre-vingt-sept.

Et à l'instant prononcé audit sieur Louis Cachet de Montézan qui a prêté le serment en tel cas requis et fait profession de foy suivant qu'il est contenu au registre.

Et le même jour à l'audience publique ledit sieur Cachet de Montézan étant sans épée, revêtu d'habit et manteau noir, debout et découvert devant le banc de la noblesse a dit par la voix de l'avocat Saverot que le Roy l'ayant pourvu de l'Etat et office de grand bailly d'épée de la province de Bresse, et la Cour ayant eû la bonté de l'y recevoir, il ne restait plus qu'à l'y installer, surquoi Monsieur le premier président lui a dit qu'il pouvait reprendre son épée et s'asseoir au banc des baillys, près le premier huissier, ce qu'il a fait, et y est resté pendant ladite audience.

Signé : Laurent.

Collationné.

Morikat, dix-sept sols, neuf livres, 8 s. pl., 3 livres douze sols, droit du greffe quarante sols. 8. s. pl., seize sols. 7 août 1787.

M. de Montézan.
et au dos est écrit.

Enregistré au greffe du bailliage de Bresse en exécution de sentence du vingt-trois août mil-sept-cent-quatre-vingt-sept.

Signé : Chicot

LETTRES ADRESSÉES A M. LE COMTE DE MONTÉZAN A L'OCCASION DE SA NOMINATION DE GRAND BAILLI D'ÉPÉE DE BRESSE.

S. A. S. Mᵍʳ le prince de Condé, gouverneur de Bresse.

Chantilly, le 26 mai 1785.

J'écris, Monsieur, à M. le baron de Breteuil (1), de vous obtenir l'agrément du Roi, qui vous est nécessaire pour la charge de grand bailly d'épée de Bresse, la recommandation de M. de Vergennes ne fait qu'ajouter au plaisir que j'ai de vous voir remplir cette place, persuadé que personne n'est plus en état que vous de remplacer M. le comte de Riccé; aussi vous devez compter que je serais toujours fort aise des occasions de vous marquer, Monsieur, l'estime que j'ai pour vous.

Signé : Louis-Joseph de Bourbon.

à M. le comte de Montézan.

Les syndics généraux de la noblesse de Bresse et Dombes, à M. le comte de Montézan, ministre plénipotentiaire du roy près l'électeur Palatin.

Monsieur,

Nous fûmes instruits au mois de juin dernier que vous succédiez à M. le comte de Riccé dans la charge de grand bailly de nos provinces ; nous nous empressâmes de vous témoigner la satisfaction que nous causait cet événement, et nous attendions avec impatience votre réponse qui devait confirmer nos espérances, mais ne l'ayant point reçue, nous sommes restés dans une incertitude d'autant plus pénible, que nos vœux pour vous voir à la teste de la noblesse de nos pays, sont plus vifs ; nous nous flattons que rien n'aura apporté obstacle à leur accomplissement, et que nous aurons incessamment la satisfaction d'être assurés qu'ils sont remplis.

Nous sommes avec respect, Monsieur, vos très-humbles et très-obéissants serviteurs.

Les syndics généraux de la noblesse de Bresse et Dombes.

Signés : De la Bevière,

Frère de la Falconnière.

Bourg, ce 11 janvier 1785.

(1) Ministre de la maison du Roi.

M. de la Bevière à M. le comte de Garnerans, père du comte de Montézan.

Bourg, ce 11 febvrier 1785.

MONSIEUR,

Les syndics de la noblesse de Bresse et Dombes ayant été instruits au mois de juin dernier que M. le comte de Montézan avait consommé l'acquisition de la charge de bailly de Bresse, eurent l'honneur de lui écrire et s'empressèrent de lui témoigner toute la satisfaction que leur causait cet événement. M. de Montézan ne leur a fait aucune réponse. Dans le cours du mois de janvier dernier, ils ont cru devoir lui écrire de nouveau, il a gardé le même silence, jusqu'à ce moment. J'ai pensé que vous me permettriez de m'adresser à vous, Monsieur, et de vous prier de nous apprendre, si nous devons nous livrer ou renoncer à l'espoir flatteur que nous avions conçùs de voir M. votre fils placé à la tête de la noblesse de nos pays, nous serions véritablement touchés que quelques circonstances eussent éloigné un événement qui a fait et fait encore l'objet de nos vœux.

Je suis avec respect, Monsieur, votre très-humble et obéissant serviteur.

Mme de la Bevière me charge de vous offrir ses empressés compliments.

Signé : DE LA BEVIÈRE.

A M. le comte de Garnerans, en son château à Reyrieux en Dombes, par Villefranche et Trévoux.

Les officiers du bailliage de Bourg-en-Bresse à M. le comte de Montézan, ministre plénipotentiaire du Roy près l'électeur Palatin.

MONSIEUR,

Nous vous prions d'agréer le témoignage de la satisfaction que notre Compagnie verrait en apprenant que vous en devenez le chef, cette nouvelle dont nous désirions depuis longtemps la certitude comble de joye tous les membres qui la composent, et c'est pour vous en offrir l'hommage que nous avons l'honneur de vous adresser cette lettre, ainsy que pour vous assurer des sentiments respectueux avec lesquels nous sommes, Monsieur, vos très-humbles et très-obéissants serviteurs.

Les officiers du bailliage de Bourg-en-Bresse.

Signés : Périer, lieut. général criminel.
Chesne, lieut. part.
Chaland, L. p. asssesseur criminel.
Guillod.
Brangier.
Cabuchet.
Picquet, avocat du Roy.
Galliard.
Fritet.
Gouet.
Riboud, proc. du Roy.

Bourg, le 2 mars 1785.

Les syndics généraux et conseillers du corps de la noblesse de Bresse et Dombes à M. le comte de Montézan.

Bourg, le 28 mars 1787.

Monsieur,

Nous apprenons avec le plus vif regret, par la lettre que vous nous avez fait l'honneur de nous écrire le 20 de ce mois et qui ne nous est parvenue qu'hier, que votre santé s'oppose absolument au projet que vous aviez formé de présider notre assemblée prochaine ; M. le marquis de Meximieux, lieutenant général d'épée, vient aussi de vous prévenir qu'en cas de vôtre absence son âge et ses infirmités ne lui permettaient pas de remplir les fonctions de sa charge, toutes ces circonstances que nous n'avons pu prévoir à la veille de l'assemblée nous ont mis dans le plus grand embarras, nous avons l'honneur d'écrire par ce courrier à M. le baron de Breteuil pour le prier d'obtenir de Sa Majesté qu'il lui plaise commettre M. le comte de Montrevel pour nous présider ; vous nous rendriez un service important, Monsieur, si vous vouliez bien à la réception de cette lettre voir M. le baron de Breteuil ou si votre santé ne vous le permet pas luy écrire pour le disposer à se rendre à nos vœux et à expédier à M. le comte de Montrevel les ordres du Roy par le plus prochain courrier, le plus petit retard exposerait les gentilshommes des deux provinces à se rendre inutilement à l'époque indiquée, et vous comprenez quel désagrément ils éprouveraient ; nous vous aurons donc la plus grande obligation de faire les plus promptes démarches pour rendre le ministre favorable à notre demande et l'engager à ne mettre aucun retard dans l'expédition des ordres de Sa Majesté. Nous vous réitérons les témoignages de la peine que nous éprouvons des motifs qui vous empêchent de vous rendre à nos vœux.

Nous sommes avec respect, Monsieur, vos très-humbles et très-obéissants serviteurs.

Les syndics généraux et conseillers du corps de la noblesse de Bresse et Dombes.

Signés : Le baron de Belvey.
De la Bevière.
De Favre de Longhis.
Descrivieux Descouardes.

M. Chesne, lieutenant particulier au Présidial bailliage de Bresse à M. le comte de Montézan.

Monsieur,

Permettez que ceddant à l'impatience de vous voir présider la magistrature de nostre province, je prenne la liberté de vous demander quand nous aurons l'honneur de vous posséder en Bresse ?

Je désirerais de sçavoir à peu près le temps que vous avez fixé pour vostre installation dans nostre tribunal pour prévenir le barreau d'un jour aussi flatteur pour tous les ordres de la province : je ne négligerai rien pour vous choisir parmi les causes qui se plaideront à cette audience celles qui seront les plus importantes, trop heureux si je pouvais trouver quelque chose assez intéressant pour occuper agréablement vostre attention.

Ce serait pour notre compagnie l'époque la plus glorieuse et nous désirons tous bien sincèrement, que vostre bienveillance et vostre attachement responde aux sentiments respectueux que nous vous portons à si juste titre.

Oserais-je dans une circonstance aussi agréable pour moy vous rappeler que j'ai eu l'honneur de vous voir quelquefois à Paris, et mesme de manger avec vous en mil-sept cent-soixante-sept avec M. de Reymondis, vous commenciez pour lors la carrière de la magistrature au Chastelet, et les agréments de l'adolescence laissaient pour lors entrevoir dans vostre personne tout le mérite qui devait les perfectionner. Je prends la liberté de réclamer à présent les bontés dont vous m'honoriez et de vous offrir les justes sentiments de respect avec lesquels j'ai l'honneur d'être, Monsieur, vostre très-humble et obéissant serviteur.

Signé : Chesne,
Lieutenant particulier au présidial bailliage de Bresse.

A Bourg, le 30 mars 1787.

M. le baron de Breteuil, ministre de la maison du Roi

Saint-Cloud, le 21 septembre 1785.

J'ai pris, Monsieur, les ordres du Roi sur la demande que vous avez faite de l'agrément de la charge de grand bailly de la province de Bresse; et je vous annonce avec plaisir que Sa Majesté a bien voulu vous l'accorder.

J'ai l'honneur d'être avec un parfait attachement, Monsieur, votre très-humble et très-obéissant serviteur.

Signé: Le Baron de Breteuil.

M. le comte de Montézan.

LETTRES DE M. LE COMTE DE MONTÉZAN AUX SYNDICS GÉNÉRAUX ET OFFICIERS DU CORPS DE LA NOBLESSE DE BRESSE ET DOMBES

(La minute de ces lettres se trouve dans les archives de la famille.)

A M. de la Bevière.

Versailles, 23 février 1785.

Monsieur,

J'ai appris avec le plus sensible regret que vous n'aviez point reçu ma réponse à la lettre flatteuse que vous m'aviez fait l'honneur de m'écrire l'été dernier. Aussi étonné qu'affligé j'ai sur le champ envoyé à Paris faire des recherches dans le bureau où je l'avais adressée pour le contre-seing, au mois d'août dernier. On l'y a enfin trouvée je la joins ici non comme une justification dont la conviction que vous avez de mes sentiments, de mon attachement et ma reconnaissance me dispensent sûrement à vos yeux, mais pour que la date de mon sincère remercîment reste constatée de la manière la plus simple.

Il me fut impossible de répondre sur le champ à votre prévenance obligeante; quelques incertitudes prêtes à disparaître de jour en jour ne me permettaient pas encore de prendre un ton affirmatif, et j'étais jaloux de vous assurer positivement que je profiterais de vos bontés pour moi. J'étais hors d'état de vous annoncer le moment ou je serais pourvu et celui ou je serais reçu, et j'avais l'honneur de vous en prevenir, à moins que quelques circonstances attachées à la mobilité de ma carrière, ne viennent me contrarier, j'espère sous quelques mois aller vous témoigner de vive voix toute l'étendue de ma reconnaissance, tout mon empressement à mériter votre amitié, et la confiance d'un corps respectable. Je réponds de mes efforts; j'ose me flatter que le secours de vos lumières leur donnera le succès que j'ambitionne. Je réclame instamment vôtre intérêt au nom de l'honneur que j'ai de vous appartenir, et de l'amitié que m'a toujours témoignée dans tous les temps la famille de Madame de la Bevière, puis-je espérer qu'elle agréera l'hommage de mon respect.

Je suis, etc....

A MM. les Syndics de Bresse.

Versailles, 22 février 1785.

Messieurs,

J'ai été bien malheureux. Vous me faites l'honneur de m'écrire l'été dernier la lettre la plus flatteuse au sujet de la charge de Bailly de Bresse. Mon cœur plein de reconnaissance ne peut cependant l'exprimer sur le champ, parce que de légères incertitudes, prêtes à se dissiper de jour en jour, le forcent à captiver son empressement. Je suis enfin libre, je me livre aux mouvements de ma sensibilité. Quelle a été ma surprise d'apprendre que ma lettre ne vous était point parvenue? Je fais faire aussitôt des recherches dans le bureau où je l'avais envoyée au mois d'août pour le contre-seing. On l'y découvre enfin melée parmi les paquets en souffrance. Je ne sçaurais vous peindre tout ce qu'un contretems semblable me coûte de regrets. J'ai l'honneur de vous adresser la lettre retrouvée afin que la date de mon sincère remercîment ne soit pas équivoque. J'attends avec impatience le moment où je pourrai vous offrir de vive voix mon hommage et cultiver l'intérêt dont vous me donnez des marques si précieuses.

Je suis, etc....

A M. de la Bevière.

Paris, le 18 août 1785,

Monsieur,

Rien de plus flatteur pour moi que tout ce que vous avez la bonté de me mander au sujet de la charge du Bailly de Bresse. Je serais bien prêt de le mériter, si, pour y réussir, il suffisait de le désirer vivement. Certainement je ne négligerai rien pour répondre aux sentiments dont vous m'honorez, et j'ose me flatter que vous m'aiderez vous-même à les justifier en m'accordant le secours de vos lumières. Personne ne les apprécie plus que moi. Si l'éloignement auquel m'a condamné mon état m'a privé jusqu'à présent de l'avantage de vous voir, le suffrage et l'estime de toute la province sont pour moi des notions plus sûres encore, quoique moins douces pour ma satisfaction personnelle. Je réclame votre intérêt au nom de l'honneur que j'ai de vous appartenir, au nom de l'amitié que vous accordez à mon père.

Je n'ai pu répondre sur le champ à votre prévenance, il existait encore quelques incertitudes, j'étais trop jaloux de vous assurer que je profiterais de vos bontés, pour me décider à ne vous l'exprimer que vaguement ; je ne sçaurais prévoir le moment où je serai pourvu ni celui où j'irai me faire recevoir. La mobilité de mon état captive mon empressement. Je saisirai avec chaleur le premier instant de liberté.

Oserais-je vous prier d'offrir mon respect à Madame de la Bevière.

Je suis avec respect....

A MM. les Syndics.

Paris, 18 août 1785.

Messieurs,

Les marques d'intérêt que vous voulez bien me donner seront à jamais présentes à mon cœur ; son premier vœu sera de les mériter par tous les efforts qui sont en sa puissance. J'ose me flatter que vous me jugerez par ma bonne volonté plus que par moi-même.

Il m'eût été bien doux de vous exprimer sur le champ ma vive reconnaissance, mais quelques incertitudes me défendaient alors le ton affirmatif, et je me serais trop reproché de ne répondre que conditionnellement à des bontés aussi positives que les vôtres.

Je saisis avec empressement le premier moment où il m'est permis d'en profiter.

Je suis avec respect....

A MM. les Syndics de la noblesse de Bresse.

Munich, le 20 janvier 1787.

Messieurs,

    J'ai reçu avec la plus vive sensibilité la lettre que vous m'avez fait l'honneur de m'écrire le 3 de ce mois. Les marques d'intérêt que vous daignez me donner me seront à jamais précieuses. Je brûle d'aller vous en témoigner ma reconnaissance et vous prouver combien je suis jaloux de les mériter.
    Le roi vient de m'accorder un congé pour m'absenter de Munich. Je compte partir à la fin du mois prochain, si nul obstacle imprévu ne m'arrête. Un court séjour à Paris me laissera le temps nécessaire pour les formalités préliminaires que je dois remplir à Dijon. Ainsi je serai en état de me trouver en Bresse au milieu d'avril. L'empressement seul d'assister à une assemblée qui m'honore d'une prévenance si flatteuse me conduit à des détails personnels que votre amitié pour moi relève à mes yeux. Je n'oserais sans un motif que vous me rendez si cher, Messieurs, vous annoncer que tout me promet la possibilité de me trouver à l'ouverture de l'assemblée du 20 au 25 avril. Oserais-je vous supplier de me faire part de l'époque à laquelle Sa Majesté vous l'aura indiquée et d'en envoyer l'avis à mon père qui me le fera passer où je serai ? L'incertitude de ma marche qui va se compliquer, ne me permet pas de vous donner une adresse fixe. Mon premier devoir comme mon premier désir sera, Messieurs, de justifier les sentiments que vous voulez bien m'accorder et de m'acquérir des droits à une confiance dont personne ne sent mieux le prix.
    J'ai l'honneur d'être avec un respectueux attachement, Messieurs, etc, etc...

CHAPITRE IV

Arrêt de la Chambre des comptes de Bourgogne et Bresse. — Dénombrement du comté de Garnerans en faveur de Louis Cachet de Montézan, son admission au serment de fidélité au Roy pour le joyeux avénement.— Réunion de la noblesse de Dombes a celle de Bresse. — Etat des fiefs et dignités de la province de Dombes. — Assemblée de la noblesse pour les Etats généraux de 1789. — Armorial de Bresse.

13 janvier 1777. — Arrêt de la Chambre des comptes des Bourgogne et Bresse qui admet au serment de fidélité foi et hommage au Roi à cause de son avénement à la couronne : Louis Cachet de Montézan, en qualité de comte de Garnerans du vivant de Jean-Benoît Cachet, comte de Garnerans, son père, à cause des seigneuries de Montézan et du Bouchet que ce dernier lui a constitué en dot à l'occasion de son mariage avec Mlle de Vergennes,

13 *janvier* 1777. — Extrait des Registres de la Chambre des Comptes de Bourgogne et Bresse:

Vu la requête du sieur Louis Cachet de Montézan, seigneur comte de Garnerans, ministre plénipotentiaire de Sa Majesté près l'Electeur de Cologne, à ce qu'il plut à la Chambre ordonner qu'il sera reçu par le ministère de Me Jacques Coindé, procureur en icelle et son spécial fondé de sa procuration passée devant

---

Nota. Dans le contrat N^{re} Laideguive, au Châtelet de Paris, Jean-Benoît s'exprime ainsi : « Il donne à son fils Louis *le comté de Garnerans* et les seigneuries de *Montézan et du Bouchet* en dépendant. » Il conserve cependant tous les autres fiefs dépendants du comté de Garnerans; son fils prend le titre de comte de Montézan et à la mort de son père se qualifie comte de Montézan et de Garnerans.

Cet arrêt, rendu en conformité des lettres du prince de Dombes données à Versailles en 1696 et érigeant en comté la terre de Garnerans à laquelle il joint et incorpore les fiefs et seigneuries de Montézan, la Poëpe, Lurcy-Romans et dépendances (le Bouchet entre autres), consacre le droit pour le chef de la maison Cachet, d'associer ses descendants à ses titres et dignités. Il lui suffisait de leur donner une des seigneuries jointes et incorporées ; ils devenaient du vivant de leur ascendant co-seigneurs du comté de Garnerans. C'est ainsi que nous voyons plus tard le même Louis Cachet comte de Montézan de Garnerans et ses deux fils de son vivant : l'un comte de Montézan, et le cadet, chevalier de Malte, comte de Garnerans.

Jurand et son confrère, notaires au Châtelet de Paris, le dix-huit décembre dernier à faire rendre les foi et hommage auxquels il est tenu envers Sa Majesté à cause de son heureux avénement à la couronne pour raison de la terre, seigneurie et comté de Garnerans, et les seigneuries *de Montézan et du Bouchet* en dépendantes situées en Dombes et Bresse, mouvantes et relevantes du Roy à cause de laditte principauté de Dombes et son pays de Bresse, laquelle seiguéurie ledit sieur Cachet de Montézan a reçu en constitution dotale de la part du sieur comte de Garnerans son père par son contrat de mariage avec demoiselle Anne-Marie-Thérèse de Vergennes, reçu Laideguives, notaire au Châtelet de Paris, le trente avril mil-sept-cent-soixante-quinze en se soumettant d'en fournir l'aveu et dénombrement dont acte lui sera octroyé. Laditte requête signée Coindé procureur l'arrêt rendu en marge d'icelle portant qu'elle sera communiquée au procureur général du Roy, vu les conclusions ; la procuration sus-datée ; extrait du contrat de mariage sus-énoncé, les soumissions faites au greffe par ledit sieur procureur spécial ; ouï le rapport de M° Pierre Bernard Raufer de Bretennière, conseiller maître-commissaire cette part.

La Chambre a ordonné et ordonne que le suppliant sera reçu par le ministère dudit Coindé à faire et rendre les foi et hommage auquel il est tenu envers Sa Majesté à cause de son heureux avénement à la couronne pour raison de laditte terre, seigneurie et comté de Garnerans membres et dépendances d'icelle ; située en Dombes et Bresse, mouvantes et relevantes du Roy à cause de sa principauté de Dombes et son pays de Bresse.

Ce qui a été fait à l'instant dont l'attache sera délivrée par l'un des conseillers du Roy auditeurs, à la charge par le vassal de fournir son aveu et dénombrement dans le délai de quarante jours porté par la déclaration du Roy du mois de juillet mil-sept-cent-soixante-seize concernant la province de Dombes. Fait en la Chambre des comptes de Dijon le treize janvier en mil-sept-cent-soixante-dix-sept.

Signé : CINGFONDS.

Au bas est écrit :
Six livres cinq sols.

et au dos :

Reçu pour les frais et droits des présentes la somme de dix-huit livres six deniers.

Signé : COINDÉ.

13 *janvier* 1777. — Signé Coindé.

ACTE

De serment de fidélité de la terre seigneurie et Comté de Garnerans située en la province de Dombes.

POUR

Le joyeux avénement.

Les *gens de la Cour des comptes de* Bourgogne et Bresse, aux trésoriers de France tenans la chambre du domaine à Dijon, receveurs d'iceluy et à tous ceux qu'il appartiendra, savoir faisons que cejourd'huy treizième janvier mil-sept cent-soixante-et-dix-sept, *Louis Cachet de Monthezan* (sic), comte de *Garnerans*, ministre plénipotentiaire de Sa Majesté près l'électeur de Cologne, par le ministére de M⁰ Jacques Coindé procureur en cette Cour le sien cette part, constitué par acte reçu Jurand et son confrère Nʳᵉˢ au Châtelet de Paris le 18 septembre 1776, a fait au Roy, à nos personnes les foi, hommage et serment de fidélité *dûs à Sa Majesté*, à cause de son joyeux avénement à la couronne, pour raison de la terre, *seigneurie et comté de Garnerans*, situées dans sa province de Dombes et mouvant en plein fief de Sa Majesté à cause de sa ditte principauté, laditte terre appartenant au vassal en vertu de la constitution de mariage qui lui en a été faite par Jean-Benoît Cachet, son père ancien premier président au parlement de Dombes le 30 avril 1775, à la charge par ledit comte de Garnerans de fournir l'aveu et dénombrement du dit comté dans les délais portés par la déclaration du Roy du mois de juillet mil-sept-cent-soixante-seize.

Donné en laditte cour des comptes à Dijon, sur les conclusions des gens du Roy, les an et jour susdits, par nous conseiller auditeur en icelle, commissaire cette part.

Signé : Bertoz.

RÉUNION DE LA NOBLESSE DE DOMBES

A CELLE DE BRESSE

(Après l'annexion de la principauté de Dombes à la France)

Nobiliaire du département de l'Ain.

BRESSE ET DOMBES

*Par M. Jules Baux, archiviste de l'Ain, etc... Bourg, 1862. —
P. 455, 456 et 457. — 28 avril 1784.*

Assemblée tenue en l'hôtel de la noblesse et par devant Messire François-Balthazar du Tocquet, chevalier, marquis de Meximieux; comte de Matafelon, lieutenant-général d'épée de la province de Bresse.

Syndics de Bresse: MM. de la Bevière ; Frère de la Falconnière.

Syndics de Dombes: MM. de Belvey, syndic honoraire; Vincent de la Panette.

Conseillers pour la Bresse : MM. Favre de Longris; Garron de Châtenay ; d'Escrivieux Descouardes.

Conseillers pour la Dombes : M. Desrioux de Messimy.

Présents : Messires..................... ....

Présentés : Messires ....

Lecture est donnée à l'assemblée de l'extrait du procès-verbal de l'ordre de la noblesse de Dombes, tenue en l'hôtel de l'Intendance, à Trévoux, le 9 octobre 1781.

Jean-Benoît *Cachet de Garnerans*, chevalier *comte de Garnerans*, seigneur de Montézan, du Bouchet, Reyrieux, Balmont, la Montluède, Tanay, Arcieux, la

---

NOTA. — En reproduisant ce document et ceux qui vont suivre nous nous sommes bornés à ne mentionner que ce qui concerne la famille Cachet de Montézan.

Fontaine, Dommartin, la Pérouse, Coberthoud, Lusignat, Roteliat et autres lieux, conseiller du roi en ses conseils, ancien premier président du parlement de Dombes, intendant de justice, police et finances, commissaire départi pour l'exécution des ordres de Sa Majesté dans ladite principauté de Dombes.

Par le procès-verbal de la séance de l'ordre de la noblesse, tenue en l'hôtel de l'intendance, à Trévoux, le 9 octobre 1781, rédigé et clos ledit jour, il appert qu'après la clôture dudit procès-verbal, les sieurs assemblés ont, de l'avis et du consentement de nous, commissaire départi, arrêté que messire le comte de Vallin était invité de témoigner à l'assemblée de la noblesse de Bresse le haut prix que celle de Dombes mettait à sa réunion à leur ordre, et combien l'association de cette province à la leur, prononcé par l'arrêt du conseil susdit, était flatteuse pour eux.

Persuadés que de tous les changements d'administration, nécessités par les circonstances, aucune ne présentait autant de solidité dans ses avantages, ni de conciliation mieux entendue entre les intérêts du souverain et des sujets ; et témoignant que cette grâce, reçue avec la plus vive reconnaissance, devenait pour eux un nouveau motif de mériter par leur zèle et leur fidélité les bontés d'un monarque qui, dans le bienfait de ce jour, n'y avait mis d'autres bornes que celles de sa sagesse et de l'égalité de son affection pour ses peuples, ils nous ont unanimement priés de faire par le canal des ministres du roi, passer aux pieds du trône l'hommage de leur respect, de leur zèle, de leur dévouement, de leur attachement et de leur gratitude : invitation à laquelle nous, commissaire susdit, avons cru devoir d'autant mieux nous prêter, qu'elle nous a paru conforme à ce que Sa Majesté avait lieu d'attendre du corps assemblé de sa noblesse de Dombes.

Ainsi arrêté en notre présence et d'un commun accord par lesdits sieurs assemblés, qui ont signé les jour, mois et an que dessus.

Signé à la minute : Le COMTE DE VALLIN ; le COMTE DE VARENNE ; DE MONTIERNOZ ; DE SEREZIN ; DE VEYLE DE ROMANS ; GUICHARD ; AUDRAS ; DE FONTANELLE ; TROLLIER DE FÉTAN ; DE VEYLE DE L'ORDRE ; TROLLIER DE CHAZELLES ; SAINT-VIRBAS ; BOURBON DU DEAULX ; DESRIOUX DE MESSIMY, père ; DESRIOUX DE MESSIMY, fils ; VALENTIN DU PLANTIER ; TAVERNOST DE SAINT-TRIVIER ; CACHET DE GARNERANS ; JANET RENAUDIN, greffier.

Pour expédition :

Signé : CACHET DE GARNERANS.

Après cette lecture, M. le Baron de Belvey, syndic de la noblesse, ayant rendu compte à l'assemblée des preuves qui ont été présentées par Messieurs de la noblesse de Dombes, savoir, celles de Messire Jean-Benoît Cachet, comte de Garnerans, ancien premier président et intendant de la principauté de Dombes.

Messires..
....

L'assemblée les a reçus d'une voix unanime et s'est fait un véritable plaisir de les recevoir à son corps pour y donner leur avis, conformément aux usages observés dans toutes celles qui ont été tenues jusqu'à ce jour.

L'assemblée a unanimement délibéré que Messieurs les syndics qui seront nommés écriront à Madame la comtesse de Riccé, pour lui témoigner tous ses regrets sur la perte qu'elle a faite de M. le comte de Riccé (1), grand bailli de la noblesse de cette province.

---

(1) M. le comte de Riccé a été remplacé dans la charge de grand bailli d'épée de Bresse par M. le comte de Montézan de Garnerans, ministre plénipotentiaire de Louis XVI près l'électeur de Cologne. Nommé grand bailli, le 6 septembre 1786, et installé le 7 août 1787. (V. page 19 et suivantes).

JULES BAUX

Nobiliaire du département de l'Ain.

BRESSE ET DOMBES

Etat des fiefs, seigneuries et rentes nobles, mouvant de la principauté de Dombes.

Dressé en 1772. — P. 253, 254, 255.

NOMS DES POSSESSEURS

Fiefs et Dignités.

COMTE CACHET DE GARNERANS. — Le comté de Garnerans, châtellenie de Thoissey, paroisse de Garnerans.

Fiefs simples.

SIEUR CACHET DE MONTÉZAN. — Le fief de la Montluède, la rente noble de la Bruyère, paroisse et châtellenie de Trévoux.

LE MÊME. — Le fief et seigneurie d'Arcieux ; le fief de la Fontaine, paroisse de Saint-Jean, châtellenie de Lignieu ; la rente noble de la Fontaine.

SIEUR CACHET DE GARNERANS. — La haute, moyenne et basse justice de Reyrieux.

Le fief de Balmont, la rente noble de Jourdieux.

La justice, rente noble et portion de dîme du comté de Garnerans.

Le fief de Montézan, avec sa justice ; le fief du Bouchet, la rente noble de la Poype-Lurcy et celle de l'Epinay.

RÔLES DES PRIVILÉGIÉS DE BRESSE ET DE DOMBES

Année 1784. — P. 309, 321, 322.

Bresse.

M. le comte de Garnerans, pour ce qu'il possède à Bey et Dommartin.

Dombes.

M. le comte de Garnerans, pour ce qu'il possède à Trévoux, Reyrieux, Parcieux, Ambérieux, Mizérieux, Sainte-Euphémie et Rancé.

M. le comte de Montézan, pour ce qu'il possède à Garnerans, Illiat, Saint-Didier de Vallin.

(Extrait du procès-verbal de l'assemblée de la noblesse de Dombes, tenue à Trévoux, en exécution des lettres de convocation du Roi pour les Etats généraux du royaume, les 12 et 13 mars 1789, p. 491).

Défaut a été accordé, faute de comparution contre :
MM....................
M. le comte de Montézan et de Garnerans.

Fiefs de Dombes.

Noms des nobles qui ont prêté foi et hommage en 1672. — P. 178, 181.

Messire Claude Cachet, écuyer, conseiller au parlement de Dombes, pour ses terres de Garnerans, de Lurcy, la Poype et maison noble de Balmont.

Messire Benoît Cachet, conseiller de S. A. R. pour sa maison noble de la Montluède et dépendances.

ARMORIAL DE BRESSE

Par M. Edmond Révérend du Mesnil, T. 1, p. 140. — *Lyon* 1873

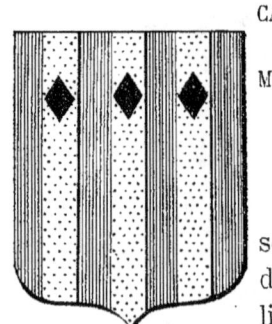

CACHET. — D'Assier mémor. de Dombes : de gueules à trois pals d'or, chargés chacun d'un losange de sable en chef (1).

Menestrier blasonné : de gueules à trois pals d'or chargés chacun, au point d'honneur, d'un losange de sable.

Benoît CACHET fut anobli par *Mademoiselle*, souveraine de Dombes, en 1620 (2) (mss. Julien du Bessy.) Il fut d'abord procureur fiscal au bailliage le 29 décembre 1623, puis procureur de Mademoiselle le 12 juin 1625, et procureur pour la monnaie le 26 mai 1631. Claude, son fils, devint conseiller au parlement, le 26 mai 1653. Echevin à Lyon, en 1669, il déclara, le 23 décembre 1670, vouloir jouir du privilège de noblesse consulaire. La maison de la Montluède, hors de la porte de Trévoux, fut, par lettres de patentes, datées à Paris en 1661, érigée, à son profit, en fief et seigneurie sous la réserve de l'hommage et de la redevance fieffée de 4 livres, 19 sols : il fit hommage, le 12 mai 1667, pour ses terres de Balmont, Montézan et de la Poype-Lurcy. — Benoît Cachet de Montézan fut pourvu, le 30 mars 1699, de la charge de premier président du parlement de Dombes. — Louis Cachet de Montézan, conseiller le 30 décembre 1713, fut investi

(1) Guichenon, dans son *Armorial de Dombes*, blasonne de même.

(2) La famille Cachet a une origine nobiliaire plus ancienne.
On trouve dans la commanderie de Saint-Georges un titre de l'an 1389 où Jean Cachet est qualifié de noble. Ce titre se trouve à Genève.
Ils sont en possession de la même qualité dans d'autres titres de 1396.
Plusieurs documents constatent qu'à une époque très-ancienne ils étaient seigneurs de Martignat et du Villars-en-Bresse.

de la même dignité, le 21 avril 1730. — Jean-Benoît Cachet de Garnerans, premier avocat général, le 2 mars 1738, fut lui-même premier président, du 10 avril au 15 août 1747.

Cette famille a fourni un prévôt des marchands à la ville de Lyon (1704-1707) (1).

---

(1) L'auteur a oublié de mentionner l'érection de la terre de Garnerans en Comté, au profit de Claude Cachet et de ses successeurs *mâles et filles*, par lettres patentes de Louis-Auguste Ier, en date du mois de mai 1696. Depuis cette époque, Claude Cachet et ses descendants ont toujours porté ce titre. — Il a omis également de rappeler que la charge de grand bailli de la noblesse de Bresse appartenait en dernier lieu à la maison de Cachet qui en a joui jusqu'à l'époque de la révolution.

CHAPITRE V

HISTOIRE DES FIEFS ET SEIGNEURIES

POSSÉDÉS PAR LES COMTES DE GARNERANS JUSQU'EN 1789

Topographie historique de l'Ain, par M. GUIGUE, *archiviste paléographe, ancien archiviste du département de l'Ain, archiviste du département du Rhône et de la ville de Lyon. — Trévoux, 1873.*

ARCIEU OU ARCIEUX, p. 11.

Hameau Saint-Jean de Thurigueux, *Arceu*. Fief en toute justice, avec château et poype en Dombes, possédé, en 1304, par Humbert d'Arcieu, chevalier. Pierre, son fils, en fit hommage, en 1322, au sire de Thoire-Villars. A l'extinction de cette ancienne maison, Arcieu arriva à Claude Berry et passa depuis successivement par vente : en 1539, à Nicolas Dupré; en 1566, à Jean de Garadeur; en 1566, à Jean Joly de Choin, évêque de Saint-Paul-trois-Châteaux ; en 1592, à Martin de Covet, baron de Montribould, dont le petit-fils l'aliéna à *Louis Cachet de Montésan*, dans la famille duquel il se trouvait encore lors de la convocation des Etats-Généraux.

V. *Bibliotheca Dumbensis,* p. 305. — Guichenon, Dombes, t. Ier, p. 24. — Archives du Rhône, mss. 1, 4500, p. 112.

BALMONT, p. 20.

Hameau de Reyrieux. Fief avec château, possédé, de 1672 à 1789, par la famille *Cachet de Garnerans*.

Le Bouchet, p. 48.

Hameau d'Illiat. Petit fief possédé au dernier siècle par la famille *Cachet de Garnerans*, (dépendance du comté de Garnerans).

La Fontaine, p. 153.

Commune de Rancé, près d'Ambérieux-en-Dombes. Petit fief possédé, en 1539, par Pierre de Libellin. En 1552, Etienne Berry et Nicolas Dupré en fournirent le dénombrement pour Gabriel Bozon. Jean de Joly, évêque de Saint-Paul-trois-Châteaux, seigneur d'Arcieu et du Poussey, l'acquit en 1570 et le laissa par testament à François de Joly, son neveu. Pierre de Joly, baron de Langes, fils de François, le vendit, le 15 avril 1592, à Martin de Covet, baron de Montribloud, dont la postérité en jouit jusqu'au petit-fils d'Antoine de Covet, qui l'aliéna à *Louis Cachet de Montézan*, lequel en reprit le fief en 1740. Lors de la convocation des Etats-Généraux, cette terre appartenait encore à la famille *Cachet de Garnerans*.

V. Guichenon, Dombes, p. 68. — J. Baux, Nobil. Bresse et Dombes, p. 100, 184, 185, 254.

Garnerans, p. 159.

Commune du canton de Thoissey. *Guarnerus, Gàrnerans*. — Le nom de Garnerans, qui ne s'appliquait jadis qu'à un château et à ses dépendances immédiates, fut étendu, en 1700, à tout le territoire de Bey, situé en Dombes, c'est-à-dire à la nouvelle paroisse dont Claude *Cachet de Montézan* obtint la création, après avoir fait bâtir à ses frais un presbytère et une église, sous le vocable de Saint-Jean-Baptiste, paroisse dont les limites sont exactement celles de la commune actuelle. — Dès les premières années du XIIme siècle, le château de Garnerans était possédé par une famille chevaleresque qui en portait le nom et dont les membres les plus anciens connus sont Hugues et Gui de Garnerans, témoins, vers 1101, d'un engagement fait par un seigneur de Montmerle se disposant à partir pour la croisade. En 1274, vivait Alard de Garnerans, chevalier; en 1288, Perraud de Garnerans, qui vendit au comte amé V de Savoie, ce qu'il avait à Bey et à Cormaranche. En 1315, un autre

Hugues de Garnerans, qui reconnut tenir, au mois de décembre de cette année, sa seigneurie en fief du sire de Beaujeu. Cette ancienne famille s'éteignit, vers le millieu du XIVme siècle, en la personne d'Isabelle fille de Jean de Garnerans, qui porta sa terre en dot à Jean de Francheleins. Des seigneurs de Francheleins et de Gletteins-Francheleins, Garnerans passa d'abord à la maison de la Guiche et Sivignon; puis, vers 1665, à *celle de Cachet*, qui en jouissait encore en 1789, en titre de comté. A ce comté, qui avait été érigé, au mois de mai 1696, par le Duc du Maine, souverain de Dombes, en faveur de *Claude Cachet*, conseiller doyen au parlement de Trévoux, étaient unis les fiefs de *Montézan, La Poype de Lurcy et Romans*.

V. Doc. Dombes, t. I, p. 193. — Aubret, mém., t. I, p. 284; t. II, p. 149. — Guichenon, Dombes, t. I, p. 76. — J. Baux, Nobil. Dombes, p. 178, 216. — Bibl. Dumb., p. 282. — Arch. nation., p. 488, c. 56. — Visite de l'archiprêtre de Dombes en 1710, p. 38 du mss.

MONTÉZAN, p. 249.

Commune d'Illiat. — Fief en toute justice démembré de la seigneurie de Pionneins. — Pierre, bâtard de Chabeu, fils de Guillaume de Chabeu, seigneur de Pionneins et de Meréges, en fut le premier seigneur. Jeanne de Chabeu, arrière-petite-fille de Pierre, le porta en mariage, en 1600, à Daniel Gillet, seigneur de Beaumont-en-Dombes, qui le transmit à Claude Gillet, son fils. En 1659, ce fief passa par adjudication, à Charles Gailien, écuyer, seigneur de la Chaux, qui le céda l'année suivante à *Claude Cachet*, conseiller au parlement de Trévoux, dont les descendants *comtes de Garnerans* le possédaient encore en 1789, (fief incorporé au comté de Garnerans).

V. Guichenon, Dombes, t. I, p. 54. — Expilly (1).

LA MONTLUÈDE, p. 254.

Commune de Trévoux. — Fief érigé au mois de juin 1661, par Anne-Marie-Louise d'Orléans, duchesse de Montpensier, princesse souveraine de Dombes, en faveur de *Benoit Cachet*, conseiller en son conseil, à la charge de l'hommage et d'une redevance annuelle de 4 livres 19 sols. Ce fief, qui était encore dans la famille *Cachet de*

---

(1) Le château de Montézan est aujourd'hui entièrement réparé. Il appartient actuellement à M. Richard, un des plus grands industriels du département de l'Ain.

Garnerans en 1789, ne consistait qu'en une maison, des prés, jardin, verger, colombier, terres, vignes et bois contigus. Il comprenait tout le territoire circonscrit aujourd'hui par la rue du Valais, le chemin du Cimetière ou de Chantegrillet, le chemin des Bruyères à la Croix de plâtre et la rue du Bois.

Le 23 mai 1700, les chanoines du Chapitre de Trévoux abandonnèrent à Benoît *Cachet de Montézan, comte de Garnerans*, tous les droits de dîme qui leur appartenaient dans ce territoire, moyennant une rente annuelle de 25 livres.

(V. Guichenon, Dombes, t. I, p. 3. — J. Baux, Nobil. Bresse et Dombes, p. 181, 185, 254. — Arch. de la mairie de Trévoux. — Terrier, du chapitre de Trévoux.)

La Pérouse, p. 284.

Hameau de Dommartin. — Seigneurie avec château, possédée d'abord par la famille de Buisadam. Philiberte de Buisadam la porta en dot à Antoine de Montjouvent. Philibert de Montjouvent, arrière-petit-fils d'Antoine, obtint, le 12 mai 1569, du duc de Savoie, inféodation de la haute, moyenne et basse justice et, mourant sans enfant, légua sa seigneurie, le 3 janvier 1589, à Anne de Montconnis, sa nièce, femme de Pierre, seigneur de Loges en Bourgogne, dont les descendants en jouissaient vers la fin du XVIIIe siècle. Cette terre passa depuis à la famille *Cachet de Garnerans*, qui la possédait encore en 1789.

(V. Guichenon, Bresse, p. 88.)

La Poype de Lurcy, p. 307.

Commune d'Illiat. — Petit fief possédé, à la fin du dernier siècle, par la famille de Montluzin. Une partie de sa rente noble appartenait aux *Cachet de Garnerans*. (Incorporé au comté de Garnerans).

(V. J. Baux, Nobil. Bresse, p. 255 et 256.)

Reyrieux, p. 316.

Commune du canton de Trévoux, *In villa Rariaco; de Reyriaco; Raireu, Rayreu;* apud Rayracum; *Rairieu, Rayrieu.* — Les substructions, les médailles et les objets antiques que j'ai trouvés à Reyrieux attestent que cette riche commune possédait déjà quelques villas, au moins à l'époque Gallo-Romaine. Il est même très probable que les sources ferrugino-sulfureuses, découvertes en 1859 et exploitées, avec succès, depuis cette date, étant déjà connues, recueillies et fréquentées aux premiers siècles de notre histoire. Ce qui le démontrerait au besoin, c'est l'existence d'une vaste piscine en maçonnerie, rencontrée en 1860, à environ 100 mètres du point où jaillissent actuellement les sources. Cette piscine était alimentée par un petit acqueduc qui allait chercher les eaux sous la colline de Vieux-Châtel. Lorsqu'elle fut détruite, j'y ai recueilli des fragments de marbre blanc ouvragé, des tessères, des médailles de la colonie de Nîmes et des premiers empereurs. Les travaux de fouille pratiqués pour asseoir, sur les sources mêmes, l'édicule de la buvette, ont mis au jour plusieurs débris de vases antiques sigillés en terre rouge, et notamment un verre à boire, bien caractérisé par sa forme et sa patine irrisée.— Quoique son antiquité soit à peu près incontestable, Reyrieux n'apparaît cependant, pour la première fois, que dans un acte daté du mois de juin 980, et relatant la donation faite à l'abbaye d'Ainay, par un nommé Nantelme, de fonds situés dans le village. En 984, l'église faisait déjà partie des possessions du chapitre métropolitain de Lyon, qui conserva jusqu'à la Révolution le droit de collation à la cure.— Un Guichard de Reyrieux est mentionné dans une notice de 1096, comme bienfaiteur de l'obédience de Montberthoud. Ce Guichard vivait encore en 1115 ; il avait alors un fils nommé Etienne et un frère appelé aussi Guichard, père lui-même d'un Pierre de Reyrieux. Tous ces gentilshommes sont cités comme témoins d'une donation faite à Ainay par Etienne de Lissieu. Leur famille paraît s'être éteinte vers le milieu du XIIe siècle. En 1186, Etienne II de Villars donna au monastère de l'Ile-Barbe ce qu'il possédait en propre à Reyrieux. Etienne de Thoire-Villars, son successeur, confirma ce don en 1226. Au mois de mai 1243, ce même Etienne de Thoire-Villars prit Reyrieux en fief de l'église de Lyon.— Vers la fin du XIVe siècle, Humbert VII de Thoire-Villars affranchit les main-mortables de Reyrieux. Au commencement du XVe, la plupart de ces main-mortables se firent recevoir bourgeois de Trévoux.— Le 3 avril 1743, *Claude Cachet*, écuyer, *comte de Garnerans*, qui possédait déjà à Reyrieux le fief de Balmont, acquit du duc Du Maine, souverain de Dombes, la justice haute, moyenne et basse de toute la paroisse, dont il devint ainsi seigneur. Ses descendants en jouissaient encore lors de la convocation des Etats-Généraux. Il ne reste aujourd'hui qu'une petite poype de l'ancien château de Reyrieux. Ce château était déjà détruit vers 1320. Son existence est constatée, pour la dernière fois, dans une charte de 1301. Il appartenait alors, en partie, à Guillaume de Lissieu, chevalier. — L'église, sous le vocable de Saint-Pierre, vient d'être reconstruite. Le revenu de la cure, aux derniers siècles, consistait en 12 neuvaines de blé, 16 ânées de vin et en une rente de 5 bichets de blé et de deux écus d'argent (1).

(V. Notice sur Reyrieux, Trévoux 1859, in-8°. — Menestrier, *Hist. consul. de Lyon*, pr. — Obituar. *Luyd. Eccles.*, p. 1, 16, 111, 125 et 138. — Doc Dombes, t. I, p. 94, 95, 215 et 269. — Cartul. d'Ainay, p. 688 et 700, ch. 182 et 196. — Bibliot. Sebusiana, p. 259. — Aubret, mém., t. I, p. 161, 266, 267, 434, 457, 487 ; t. II, p. 3, 7, 86, 227, etc.; t. III, p. 66, 183, 210, 274, 292, 483, 484. — Arch. du Rhône, tit. Saint-Jean, arm. Loth, vol. 37, n° 1, p. 83, 225, 227 et 273 de l'invent. — *Ibid*. tit. Fourvières, ch. 5, n° 10. — Visite pastorale de 1654, mss. G, 1715.)

ROMANS, p. 325.

Hameau de Garnerans, *Villagium* de Romans (1482). — Petit fief uni, au mois de mai 1696, au *comté de Garnerans*, érigé en faveur de *Claude Cachet*, conseiller doyen au parlement de Dombes. — Il s'agit peut-être de ce village (*villa que vocatur Romanis*) dans une charte de Cluni de l'an 1034.

V. Cartul. m. B. f° 220, ch. 395. — Expilly, *Dict. de la France*, art. Garnerans.

---

(1) Le château qui porte à Reyrieux le nom de *château de Garnerans* et où j'ai reçu un accueil des plus gracieux, a appartenu à la famille Cachet de Montézan jusqu'en 1789. Pillé et confisqué pendant la Révolution, il a été aujourd'hui restauré. M. de Garnerans y habitait souvent. Les archives de l'ancien Parlement de Dombes, conservées dans une des tours, furent brûlées par la populace. Les fourches patibulaires furent renversées et subirent le même sort que les archives. Le propriétaire actuel a été obligé d'acheter le château par fraction à plusieurs personnes qui s'y étaient installées et en occupaient diverses parties avec leurs familles. (Ce château n'a aucun rapport avec celui détruit vers 1320 dont parle M. Guigue, il est situé près Balmont hameau de Reyrieux).

Roteliat, p. 327.

Com. de Chevroux. *De Rotiliaco, Rotilliat,* Rotellia. — Seigneurie possédée d'abord par la famille de Laye. Claude de Laye, qui en était seigneur en 1740, la laissa à Claude et à Hugonin, ses fils.

Antoinette, fille de Claude, la porta en dot à Antoine de Montjouvent, gentilhomme servant de Louis XII. Cette terre resta près de 100 ans dans la famille de Montjouvent, c'est-à-dire jusqu'à Philibert de Montjouvent, qui la légua, mourant sans enfant légitime, à Anne de Montconnis, sa nièce, femme de Pierre de Loges. Jacques de Loges, chevalier, la donna à Louise d'Iserau, sa veuve, laquelle la fit entrer dans la famille de Joly, en convolant en deuxièmes noces, le 20 février 1686, avec Claude-François de Joly, grand bailli de Bresse. Roteliat arriva depuis à la *famille de Garnerans*, qui en jouissait en 1789.

V. Guichenon, Bresse, p. 98. — J. Baux, Nobil. Bresse, p. 71. — Etat des provinces, p. 46.

Tanay, p. 388.

Com. de Saint-Didier-de-Formans. *Tanayum, Tasnay, Taney, Taney-les-Trevolz.*

Seigneurie avec château-fort possédée d'abord par des gentilshommes qui en portaient le nom. De leur famille étaient Pierre et Ponce de Tanay, qui donnèrent en 1097, à l'obédience de Montberthoud, une vigne située à Cibeins, Guillaume de Tanay qui obtint, en 1297, d'Humbert, sire de Thoire-Villars, reconnaissance de son droit de justice haute, moyenne et basse sur les hommes dépendant de son château de Tanay, et aquarie de Tanay, qui participa, en 1325, à la rédaction des coutumes de Dombes.

En 1370, cette seigneurie appartenait à Guichard d'Ars, dont la petite fille la porta en dot à Henri de Glateins, surnommé la guêpe. Elle passa depuis à la famille de Corant. Jean de Corant, écuyer, vivant en 1491, la vendit à François Varinier, qui en fit hommage au duc de Bourbon, le 8 août 1510. Des Varinier, elle arriva à Guillaume Langlois, écuyer, conseiller au parlement de Dombes, puis à Jean de Châtillon, chamarier de Saint-Paul de Lyon, dont hérita Annet de

Châtillon, écuyer, lequel en reprit le fief en 1762. Vers la fin du XVIIme siècle, N., dame de Châtillon, la céda à Claude Janin, seigneur de Juliénas, conseiller au parlement de Dombes. Ce dernier en aliéna d'abord le château et ses dépendances, le 11 février 1718, à Jean Marillon, marchand toilier de Saint-Véran, puis le fief et la rente noble le 1er mai 1720 à Mathieu-Ignace-Alexandre de Baglion, comte de la Salle, dont les droits arrivèrent, dans la suite, à la *famille de Garnerans*, qui jouissait de la seigneurie de Tanay lors de la convocation des Etats généraux. — Le château subsiste encore.

V. Guichenon, Dombes, t. I. p. 120. — J. Baux, Nobil. Bresse et Dombes, p. 148.— Arch. nation., p. 1360, c. 874, et p. 1361, c. 924.— Arch. de la sous-préfecture de Trévoux. — Tit. particuliers. — Aubret, mém., t. I, II et III.

CHAPITRE VI

ÉTATS DE SERVICES

DE LA

FAMILLE CACHET DE MONTÉZAN

MAGISTRATURE

PARLEMENT DE DOMBES (1)

Premiers Présidents.

1. — Benoît Cachet de Montézan (comte de Garnerans), 1699. Le même nommé encore en 1713.

2. — Louis Cachet de Montézan (comte de Garnerans), 1730.

3. — Jean-Benoît Cachet de Montézan (comte de Garnerans), 1747. (Il a occupé cette charge jusqu'à l'époque de la suppression du parlement.)

Présidents à mortier.

1. — Benoît Cachet de Montézan, 1695.

2. — Louis Cachet de Montézan (comte de Garnerans), 1727.

NOTA. — Les mêmes personnes sont mentionnées tantôt sous la rubrique : 1ers présidents présidents à mortier, conseillers, etc., etc., etc.

(1) Ce parlement, institué par François Ier quand il s'empara de la principauté de Dombes, eut d'abord son siège à Lyon et plus tard à Trévoux. Il fut définitivement supprimé sous Louis XVI.

Conseillers.

1. — Claude Cachet, conseiller doyen, créé comte de Garnerans par lettres patentes de Louis-Auguste 1ᵉʳ en mai 1696, a exercé sa charge pendant plus de 46 ans. — Nommé le 17 janvier 1653. Reçu le 18 juin suivant.

2. — Benoît Cachet de Montézan, comte de Garnerans, 1679.

3. — Louis Cachet de Montézan, comte de Garnerans, 1713.

4. — Jean-Benoît Cachet, comte de Garnerans et de Montézan, 1747.

1ᵉʳ *Avocat général.*

Jean-Benoît Cachet de Garnerans, 2 mars 1738.

Substitut du procureur général.

Benoît Cachet, père de Claude Cachet. Nommé à ces fonctions par la princesse Anne-Marie-Louise.

Présidial de Lyon.

Conseiller : Claude Cachet, comte de Garnerans.

ADMINISTRATION

Intendants de la souveraineté de Dombes (justice, police et finances).

Claude Cachet de Montézan, comte de Garnerans.
Louis.   —   —   —
Jean-Benoît. —   —   —

Echevins de Lyon.

Claude Cachet, écuyer, seigneur de Montézan, 1670.

Prévôt des Marchands de Lyon.

Benoît Cachet de Montézan, chevalier, comte de Garnerans, ancien 1er président au parlement de Dombes, de 1705 à 1707.

Commandant de la ville de Lyon.

Le même.

Procureurs Fiscaux.

Benoît Cachet (seigneur de la Montluède) eut cette charge au temps que la vénalité des offices n'avait pas lieu en Dombes. Il en a joui dès l'an 1621 jusqu'en l'an 1654 ; qu'en considération de ses longs et fidèles services, S. A. R. Mademoiselle lui a accordé des lettres de vétéran, ensuite desquelles il donna sa démission à Catherin Traffet qui en jouit présentement. (Guichenon, *Histoire de Dombes*, 1650, deuxième édition publiée, annotée et rectifiée avec de nombreuses additions par M. Guigue en 1874. T. 2, p. 48).

ORDRE DE LA NOBLESSE

Grands baillis d'épée de la province de Bresse, commandants de la noblesse du pays.

Louis Cachet, comte de Montézan et de Garnerans, en remplacement du comte de Riccé, nommé le 6 septembre 1786, par lettres patentes de Louis XVI, et installé le 7 août 1787.

DIPLOMATIE

Louis Cachet, comte de Montézan et de Garnerans, ministre plénipotentiaire de Louis XVI près l'électeur de Cologne, et ensuite près la cour de Bavière, et son dernier représentant en Allemagne.
(Grand bailli de Bresse).

ARMÉE

MAISON DU ROI.

Louis Cachet, comte de Montézan et de Garnerans, garde du corps de Monsieur frère du Roy (plus tard Louis XVIII), nommé sous-lieutenant, puis capitaine de cavalerie, le 3 juin 1779, a pris part à diverses campagnes dans l'armée de Condé.

Benoît-Jean-Claude Cachet, comte de Montézan et de Garnerans, lieutenant puis capitaine d'infanterie, a fait toutes les campagnes dans l'armée de Condé, bataillon de chasseurs nobles de l'institution de saint Louis, 4me compagnie. Sous la Restauration, il entra dans les gardes de la porte et dans les gardes du corps en qualité de sous-brigadier et devint plus tard brigadier. Nommé chef de bataillon, il prend sa retraite peu de temps après.

Ordres de Chevalerie

Saint-Jean de Jérusalem (Malte). Chevalier: Charles-Constantin-Louis-Anne Cachet de Montézan, comte de Garnerans.

Saint-Louis. Chevalier : Benoît-Jean-Claude Cachet, comte de Montézan de Garnerans, nommé le 24 août 1814.

Légion d'honneur. Chevalier : le même, nommé le 16 mai 1816.

Le lys. Le même, nommé le 23 août 1814.

TABLEAU GÉNÉALOGIQUE

DES FAMILLES

DE LOMBARDON ET CACHET DE MONTÉZAN

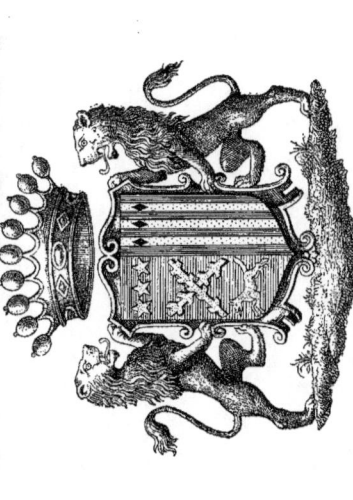

AMADIS LOMBARDON, épouse en 1653, ANNE MÉRIC.

CLAUDE.

JEAN-BAPTISTE, épouse en 1686, CATHERINE BAILLESSE.

TROPHIME, épouse, MADELEINE ARNAUD.

BALTHAZAR-BRUNO, 1ᵉʳ échevin de Marseille, épouse en 1721, MADELEINE DE GUILLERMY.

ANDRÉ-JULIEN-GASPARD, épouse THÉRÈSE GOURDAN.

MATHIEU, Chevalier, Conseiller du Roi, Président-Trésorier de France, épouse en 1743, THÉRÈSE DE DRYDIER.

ANTOINE-CÉSAR, Écuyer, épouse en 1788, ELISABETH-ÉMILIE DE TRUPHÈME.

REPRÉSENTANTS ACTUELS

ALBERT-ÉMILE-J.-B., ÉDMOND-ANTOINE, non encore marié. non encore marié.

AUGUSTIN-GASPARD-MATHIEU-RAPHAEL, épouse en 1826, ANNE-JEANNE SAUVAIRE.

PIERRE-CÉSAR-FRÉDÉRIC épouse en 1827 CLAIRE-HENRIETTE DES MICHELS D'ORAISON

ALEXANDRE-ADOLPHE épouse en 1838 CAROLINE-BÉNÉDICTINE-LOUISE CACHET DE MONTÉZAN

JEANNE-JULIE-CÉSARINE mariée en 1850 à LAZARE-ALFRED, Marquis de CLAPIERS-COLLONGUE.

FÉLICITÉ, épouse en 1857, AMIEL-JOSEPH de GIRAUD-D'AGAŸ, son cousin.

CACHET CLAUDE 1ᵉʳ, épouse en 1585, HUMBERTE DE PIERRE VIVE.

BENOIT 1ᵉʳ, marié en 1620, à ELÉONOR DE TRELLON.

CLAUDE II, 1ᵉʳ Comte de Garnerans, 1ᵉʳ échevin de Lyon, épouse en 1650, JEANNE HANNICARD DE FLORENDAL. MARIE, épouse JEAN DE RODES.

BENOIT II, prévôt des Marchands et Commandant de la ville de Lyon, épouse en 1684, MARGUERITE D'ASSIER.

LOUIS 1ᵉʳ, épouse, en 1727, MAGDELEINE-ELISABETH GUERIN DE GUILLERANCHE.

CLAUDE III, épouse en 1713, MARIE-ANNE SABOT DE LUZAN.

BENOIT III, épouse en 1744, MARIE-ANNE JEANNON.

LOUIS II, Comte de Montézan, Grand bailli de Bresse, ministre plénipotentiaire, épouse en 1775 ANNE-MARIE-THÉRÈSE DE VERGENNES.

BENOIT IV, JEAN-CLAUDE, épouse en 1808, LOUISE-GRATIENNE DE LAVISON.

CHARLES I, CONSTANTIN-LOUIS-ANNE Chevalier de Malte décédé célibataire en 1809.

CAROLINE, mariée en 1807 à PAUL-MARIE DE LAVISON.

PIERRE (BENOIT V) LOUIS, Comte de Montézan de Garnerans épouse en 1844 ANNE-MARIE-EUDOXIE DE BARRIGUE DE MONTVALON.

Il est décédé sans postérité, en 1875, laissant pour successeur et héritière sa sœur Mᵐᵉ de Lombardon.

CAROLINE-BÉNÉDICTINE-LOUISE, épouse en 1838 ALEXANDRE-ADOLPHE DE LOMBARDON.

FAMILLES DE LOMBARDON ET DE MONTÉZAN RÉUNIES

ADOLPHE-ÉMILE-LUDOVIC épouse en 1871 MÉLANIE-MARIE-CAROLINE RONFORT-BEY.

CAROLINE-ÉMILIE-MARIE épouse en 1863 CHARLES-MARIE-XAVIER DE LAVISON son cousin.

CLAUDE-CHARLES-JULES épouse en 1879 LOUISE-LAURENCE DE ST-JACQUES.

ADOLPHE-BENOIT-RUDOXE épouse en 1873 CAROLINE-BÉNÉDICTINE LÉONIE DE LAVISON sa cousine.

AUGUSTA-CATHERINE-ÉMILIE épouse en 1869 NICOLAS PAQUET.

ALOÏSE-ANDRÉ-JOSEPH épouse en 1881 GASPARINE-GENEVIÈVE-JULIETTE DE COYE DE CASTELET.

Ce tableau a pour objet d'établir la descendance de Trophime Lombardon troisième fils d'Amadis et celle de Claude Cachet premier du nom et la réunion des deux familles de Lombardon et de Montézan. — Les enfants décédés en bas âge et les filles n'y figurent pas, sauf celles dont les alliances sont mentionnées dans le cours de cet ouvrage. — Par le même motif, je n'ai pas donné toute la descendance de Jean-Baptiste deuxième fils d'Amadis, mais j'en ai indiqué les représentants actuels. (Les dates qui manquent n'ont pu être retrouvées).

TABLE DES MATIÈRES

	Pages
Dédicace...	III
Avant-propos...	V
Portrait de S. A. S. Louis-Auguste Ier.	
Intitulé de l'Abrégé de l'Histoire de Dombes, par Claude Cachet de Garnerans...	IX
Introduction.— Résumé analytique de l'histoire de la Souveraineté de Dombes....	XIII
Armes de la famille Cachet de Montézan...	1
Chapitre premier. — Généalogie depuis 1585 continuée jusqu'à ce jour. — Lettres patentes d'érection en comté. — Alliances. — Annotations. — Extinction de la ligne directe.— Transmission de noms et armes dans la famille de Lombardon.— Portrait de Claude Cachet, doyen du parlement de Dombes, premier comte de Garnerans.— Jetons consulaires de Lyon...	3
Chapitre II.— Armes de la famille de Lombardon-Cachet de Montézan.— Notice abrégée sur la famille de Lombardon (de Marseille)...	17
Chapitre III. — Charge de grand bailli d'épée de Bresse — Lettres patentes de Louis XVI.— Réception de M. de Montézan. — Son installation dans cette charge. — Lettres du prince de Condé, du baron de Breteuil et du corps de la noblesse.— Réponses de M. de Montézan...	23
Chapitre IV. — Arrêt de la Chambre des Comptes de Bourgogne et Bresse. — Aveu et Dénombrement du comté de Garnerans en faveur de Louis Cachet de Montézan. Son admission au serment de fidélité au Roi pour le joyeux avénement.— Réunion de la noblesse de Dombes à celle de Bresse. — Etat des fiefs et dignités de la province de Dombes.— Assemblée de la noblesse pour les Etats-Généraux de 1789.— Armorial de Bresse. — Annotations...	35
Chapitre V.— Histoire des Fiefs et Seigneuries possédées par les comtes de Garnerans jusqu'en 1789...	45
Chapitre VI.— Etats de services de la famille Cachet de Montézan...	53
Tableau généalogique des familles de Lombardon et Cachet de Montézan...	57

www.ingramcontent.com/pod-product-compliance
Lightning Source LLC
LaVergne TN
LVHW050602090426
835512LV00008B/1296